絆づくりの遊びの百科

伝承遊びから現代風遊びまで 205種

西村　誠
山口孝治
桝岡義明 監修

矢木一美・角地直子・中川善彦・佐東恒子
星尾尚志・佐藤弥生・小西治子・森田文子
青木好子・中本豊子……………………………著

昭和堂

はじめに

子どもたちにとって「遊び」は大切な生活の一部です。遊びは、彼らにとってどのような意味を持ち、また、その育ちにどのような影響をおよぼすのでしょうか。その昔、小学校の休憩時間が「遊び時間」と呼ばれていたのをみなさんは覚えておられるでしょうか。「遊び時間」という名前には、子どもが自由にいろいろな活動（個人またはグループ）をする中で多くのことを学ぶ時間、という意味がこめられていたのではないかと思います。

子どもたちの遊びは、時代の移り変わりと共に大きくその内容を変えてきました。昨今は携帯用ゲーム機で遊ぶ子どもが増えて、子どもが育ちの中で大切なことを学ぶ事柄や機会が、遊びから減ってきているようにも感じられます。

本書では、子どもの「学び」と「育ち」をうながすという大切な機能を備えた遊びを、昔から伝わる遊び（以後、伝承遊びと呼びます）から厳選しました。またそれを現代風にアレンジ（以後、現代風遊びと呼びます）して積極的に紹介しています。多くの伝承遊びは、誰かと一緒に楽しむ活動です。性別や年齢を越えて一緒に遊べる遊びも沢山あります。いろいろな人が一緒に遊ぶからこそ、ルールや順番を守ることはとても大切です。そして伝承遊びはいろいろなアレンジが可能です（地域によって、独自の形があるのはそのためでしょう）。こうした遊びを通して、子どもたちは多くのことを学んでくれることでしょう。

本書で紹介する「伝承遊び」と「現代風遊び」が、子どもたちの心身を育み「生きる力」を培うことを、地域社会や福祉の場などでは大人の暮らしにも楽しみをもたらし、元気で豊かさを実感されることを、願ってやみません。

西村　誠

絆づくりの 遊びの百科　目次

第３部　関連資料

第1部

遊びと学び

第1章　遊びに内包される学び

昔は、子どもたちの生活の場が異なることで（たとえば都会・農村・山村・漁村など）、遊びの内容が違っていました。しかし、現代では子どもたちの遊び方は、全国的にさほど大きな差はなくなってきています。地域性の喪失、「遊び」を含む情報の多様化と広範化、新しい手法（用具や内容）による「遊び」の創出などがその原因と考えられます。特に特徴的なのはゲーム器やパソコンの普及によって、かつての「群れの遊び」から「個の遊び」へと変わったことが挙げられます。

子どもは本来、多様な遊びを繰り返す中で、人との関わり方やルールを守る大切さを学び、よろこびや悔しさの経験などを重ねて、徐々に人格を形成すると言われてきました。しかし、今日では、遊び方や内容の変化によって、そうした子どもたちの学習機会が奪われてしまっているのではないかと思われます。都市化が進み車社会へと変化したことにより、また、地域の遊び仲間がいなくなったことにより、遊びの様式が大きく変わることになったように思われます。

遊びが持つ学びの要素

かつては、年齢の違う子どもたちが、野山や川で一緒に遊ぶことがあたりまえでした。そして、子どもたちは、大人の働く姿を間近で見ながら、家で何らかの役割を担って働くということを経験できました。

家事を手伝うことによって得たものは多かったと考えられます。

年長の子どもが年少の子どもの面倒を見たり、遊び方を教えて一緒に遊んだりしたものです。小さい子どもは大きい子どもたちの遊びを見て憧れたり、真似したりしながら、自分なりに遊びを習得し、満足感や達成感や充実感を味わい、自信を持って行動することができるようになっていきました。

里山や野原で遊ぶ経験は、草花や木々、小枝や木の実、小石や昆虫や小動物などと触れ合う機会であり、自然の中での生活は、様々な自然物を使っての遊びを工夫する機会でありました。何かを作ろうとして失敗したり、成功して喜びを感じたりということを通して、未知のものを探求しようとする好奇心が育まれます。自然の中で、遊び道具や作品を作りあげる体験を通して培われた力は、その後の学習や生活の基盤となります。また、自然の中に身を置くことで豊かな心根（共《とも》生《いき》の心）が育まれます。

野山や戸外での遊びを通して、子どもの体力・運動能力（敏捷性・協調性・協応性・柔軟性・巧緻性）は発達します。物事に対応するために必要な基本的な姿勢（創造性・想像性・応用力・思考力）、生きていくために不可欠な能力（積極性・自主性・主体性・挑戦性・忍耐力）、そして「生きる力」も、子どもたちは遊びを通して身につけます。規範の順守、敵味方に関係なく人を思いやる心などの社会性も伝承遊びを通して学ぶことができます。

特に、伝承遊びには全身を使うものが多く、成長期の子どもたちには欠くことのできない大切なものなのです。歩く、走る、跳ぶなど、基本的な運動能力を身につけるためにも、全身を使って遊ぶ経験は重要です。

戸外での遊び

鬼ごっこやサッカー・野球やソフトボール、木登りや登り棒、すべり台やブランコ、雲梯やたいこ橋、鉄棒やジャングルジム、砂遊び、ボール遊び、縄遊びなどが、戸外での遊びの代表です。このように体を動かす遊びを通して、身体に多くの刺激を与え、神経を発達させることが、子どもの成長には大切です。

この意味で本書にも戸外で行った方が有意義な遊びの事例を集約しています。

室内遊び

室内遊びとしては、童謡などを歌ったり、わらべ歌や手遊び、絵本や紙芝居を読んでもらったり、ままごと遊び、積み木遊び、粘土遊び、お絵描き、工作、ぬり絵などがあります。

集団生活の場では、思い思いに「一人遊び」をする時期が過ぎると、「平行遊び」の段階があり（この段階では、一緒に遊んでいるかのように見えても、１人遊びの延長です）、その段階を過ぎると少しずつお互いに思いを伝え合い会話する姿が見られるようになります。そこではじめて、グループで遊んだり制作したりする「連合遊び」が可能になります。

子どもたちが一緒に作ったり、描いたりする楽しさを感じるようになると、役割分担をして１つの作品を完成させることができるようになります。今度は、協力しながら作品を作るなどの「協働遊び」ができるようになり、そうした経験を通して協働する楽しさに気付くことで、子どもの内で協調性が養われ、仲間意識が育っていくのです。このように、乳幼児期の遊び経験は、豊かな人格を形成する基礎となる重要なものです。

具体的な学習要素の事例

では、「伝承遊びにおける学習要素」と「伝承遊びが子どもの成長過程におよぼす影響」について具体的な事例から考えてみましょう。

みなさんは「陣取り合戦」をご存知でしょうか？　まず４人のグループになります。地面に一辺が１メートルほどの四角を描き、各角をそれぞれの陣地とし、その陣地をどんどん大きくしていく遊びです。著者には、道路や野原が舗装されていない頃、陣取り合戦に夢中になって遊んだ記憶があります。陣地を大きくするために使用する石（おはじきも可）を見つける時には、「よく飛びそうな石」を見つけることに必死になったものです。また、自分はどのように陣地を広げていこうかと地面に書いた四角をながめ、戦い方をイメージするのです。表１は「陣取り合戦」について、知的・身体的・社会的・情緒的側面から活動の分析を行ったものです。このようにあらゆる側面で多くの学びがあることがわかります。

「陣取り合戦」はこれから取りたい陣地をイメージすることから始まります。そのイメージ通りに石（おはじき）を「飛ばす」または「転がす」ことができた者が勝ちます。体が大きいから勝てるというわけではなく、力が強ければ勝つわけでもありません。個人が持つ能力をそれぞれ十分に活かせる余地があり、その意味で誰にとっても面白い遊びなのです。

この「陣取り合戦」のように「伝承遊び」には①何人かメンバーがいて、②身近にあるもの（石・木・葉・紙・缶など）があれば始められるものが通常で、ルールはみんなで考えるものでもありました。

このような遊びを通して、子どもだった著者は人間関係を学びました。人間関係とは、自分と他人を「共に認め合い」お互いを大事な相手としていくことです。「昔からの遊び（伝承遊び）」は、この人間関係を作る基礎（規範への心構えや、人に向かう姿勢）を培ってくれるものであったと思います。人として成長するための場であったと言っても過言ではないでしょう。地域社会でのこうした遊びが少なくなった今、これらの遊びを学校教育や青少年活動のプログラムに取り入れていくことは重要ではないでしょうか。

表１　陣取り合戦の活動分析

ルール	活動1	活動2	影響のある側面
①まず地面に一辺が1メートルくらいの大きさの四角を書く。（外枠）	陣取りに使う「石を探す」	飛びやすい形を知る	知的側面
		目で見る	身体的側面
		手で形を触る	身体的側面
	おはじきを使う場合	好きなおはじきを見つける・買う（宝物となる）	社会的側面・情緒的側面
	外枠を書く物（棒など）を見つける	書けるものを知る（木の強さなど）	知的側面
		目で見る	身体的側面
		手で形を触る	身体的側面
		書けるか確かめる	知的側面・身体的側面
②4つの角のどれかを各自が選び、角に親指をあてて（コンパスのように）まわして、くすり指でおうぎ形の線を描く。（最初の自分の陣地）	最初の陣地の場所を決める	決める方法を知る	知的側面
		話し合いをする力	社会的側面
		譲る心	社会的側面・情緒的側面
	おうぎ形を描く	指でおうぎ形を描くことができる	身体的側面
		できるだけ大きなおうぎ形を描く工夫をする	知的側面・身体的側面
③ジャンケンで順番を決める。	ジャンケンをする	目で見る	身体的側面
		指を曲げたり伸ばしたりする	身体的側面
		勝ち負けがわかる	知的側面
		ジャンケンができる距離を保てる	社会的側面
		勝てば嬉しい・負ければ悔しい	情緒的側面
		勝敗を受け入れる力	社会的側面
④陣地内に×印をして自分の石ころを置く。（スタート地点）指で外枠内の好きな方向へはじいて飛ばす。（第1投目）	石（おはじき）をはじく	大きな陣地が取れるように石ころをはじく場所を決める	知的側面
		決めた場所を狙うことができる	知的側面・身体的側面
		石をはじく	身体的側面
		３投目で自分の陣地に戻らなくてはならないので１投目２投目のイメージを作る	知的側面

⑤石の止まった所に×印をし、続けて違う方向に２発目をはじく。	石が止まった場所に印をつける	正しい場所に印をつける	知的側面・身体的側面・社会的側面
	石（おはじき）をはじく	大きな陣地が取れるように石ころをはじく場所を決める	知的側面
		決めた場所を狙うことができる	知的側面・身体的側面
		石をはじく	身体的側面
		１投目がイメージどおりにはじけたか確認し、２投目のイメージを作る	知的側面
⑥同じように第２投目の所に×印をし、第３投目を自分の陣地にむけてはじく。	石が止まった場所に印をつける	正しい場所に印をつける	知的側面・身体的側面・社会的側面
	石（おはじき）をはじく	大きな陣地が取れるように石ころをはじく場所を決める	知的側面
		決めた場所を狙うことができる	知的側面・身体的側面
		石をはじく	身体的側面
		３投目で自分の陣地に戻るため、石をころがす方向を定める	知的側面
⑦第３投目が自分の陣地で止まれば、スタート地点から第１投目・第２投目の×印を線で結ぶ。	印を線で結ぶ	印を線で結ぶことができる	知的側面・身体的側面
⑧次のようなとき（＊）はアウトとなり陣地は増えず、×印を消して、次の番の人へ交替となる。	交代する	陣地を取れなかったことを認める	知的側面・情緒的側面
		次の順番まで待つことができる	社会的側面
		思い通りの場所へ石（おはじき）を打つために練習をする→指先の巧緻性につながる	身体的側面

ルール出典：見附市教育委員会「昔遊びのススメ」2006年。表作成：小西治子

＊
- ・第３投目が自分の陣地内でとまらなかった。
- ・石ころが外枠の外に出てしまったとき。
- ・石ころが他人の陣地に入ったり、横切ってしまったとき。
- ・第１・第２投目で自分の陣地に入ったり、横切ってしまったとき。
- ・第３投目が第１投目の線を横ぎってしまったとき。

第2章　遊びを伝承するために

かつて、子どもたちの遊びは四季の変化と共に移り変わっていくものが多く、毎年ほぼ同じパターンでくり返されてきました。四季におうじて変わっていく遊びは、子どもたちの心に季節感を感じさせてくれたように思います。そうした遊びには、草花遊びや虫取り遊びのような自然と密着した遊びからお正月のタコあげや羽根つき遊び、そして地蔵盆のあつらえた舞台やゴザの上での遊びまで数多くあります。

毎年同じようにくり返される遊びによって、年長者から年少者へと遊びが受け継がれていきました。例えば「野球」という名の遊びでは、それが実質はキャッチボールだったり、三角ベースボールだったりなど、場所や人数によっていろいろと変化を加えて行われたものでした。道具も現在のような野球用具は一切使わず（というよりは、無かったと言えよう）に、軟式庭球（現ソフトテニス）の球を素手で打ったり受けたりしたものでした。路地や空き地や原っぱなど、遊ぶところは十分にありましたが、本来は遊び場ではなかったので、そこでの遊びはそのつど工夫をこらしていたものです。当時はドッジボール、鬼ごっこ、かくれんぼ、ゴムとび、などの屋外遊びがさかんでした。

子どもの遊びは、身近にある自然物を、投げたり、転がしたり、蹴ったりするという単純な動作から始まります。子どもたちはそうした単純な動作を創造的に組み合わせることで、より楽しい遊びを作り出してきました。すなわち子どもの遊びは「伝承」と「創造」がセットになって――ただ単に伝えるのではなく常に新しい要素を取り入れることで――形成されてきたのです。人から人（子どもから子ども）へと伝わって作られていくものは、「文化」と呼んでいいでしょう。このことから「子どもの遊び文化」を次のように定義してみたいと思います。子どもの遊び文化とは、「1つの集団や地域の子ども社会によって作りあげられていく、子どもたちによって共有される遊び」なのです。こうした遊び文化は、伝承と共に折々の工夫（創造）を加えられて自分たちの遊びとなり、子どもたちの宝物となってきたのです。

このような遊び文化と呼べそうな遊びのうち、主要なものを掲げてみましょう。

- ごっこ遊び：ままごと、チャンバラごっこ、忍者ごっこ　など
- 歌にあわせた遊び：絵かきうた、お手玉うた、手合わせうた、まりつきうた、わらべうた、子守うた　など
- 全身をたくさん使う遊び：石けり、板当て、馬とび、エスケン、おしくらまんじゅう、陣とり、かくれんぼ、缶けり、なわとび　など
- 身近なものでできる遊び：折り紙、笹舟、じんとり、パチンコ、吹き矢、松葉ずもう　など

こうして見ると、今日ではこれらはほとんど現代の子どもたちの間では遊ばれていないということがわかります。あらためて、ついこの間まで伝えられてきていた素朴な遊びを見つめ直す必要があるのではないかと、筆者には思われます。

そこで、考えなくてはならないのは「伝承される」また「伝承する」という点です。「伝承される遊び」も単なる「形の伝承」ではなく、遊びの中に包含されている質を問うものでなければなりません。

そのためには、子どもが遊ぶ姿にもう一度目を向けることが必要です。

人間形成に必要な多くの学習要素を備えている昔の遊びが伝承されるためには、次の要素が不可欠であると言えましょう。

① 一緒に遊ぶ仲間がいること。
② 年齢差・性別にあまりこだわりがないこと。
③ ルールがわかりやすいこと。
④ 遊びのために必要な準備が簡便なこと。
⑤ 人数によって柔軟に対応できること。
⑥ 道具・リズム（伴奏）の取り方など、アレンジできること。
⑦ 身近に適当な場所があること。
⑧ 本来は特別な指導者を必要としないこと。
⑨ 子どもたちの創意によって、展開に工夫を凝らすことができること。

幼児教育の場では自由保育の時間や設定保育の教材として、小学校では昼休みや放課後の自由時間や体育における１つの教材として、教師は子どもたちに遊びを伝えることができます。もし、子どもたちがすでに知っている遊びでも、遊び上手な先輩をまねて、ルールを工夫することはよいことです。子どもたちに伝えた遊びが、そうして子どものものになれば、その子どもたちから他の子どもたちへとその遊びは伝えられていくことでしょう。遊びは自発的に伝えられるものであり、自由であること、この２点を損なってはなりません。この点をしっかりとおさえるならば、どのような社会であっても、子どもたちによって昔遊びが展開され伝承されていくものと私は確信しています。そして、学校や地域で大人が子どもの集団にかかわって遊びを豊かにしようというのは、今風の新しい伝承の形なのではないでしょうか。

第3章　伝承遊びの新しい形

春、野原や園庭・校庭にカラスノエンドウの実がなると、「ピーピー豆」を楽しむ子どもたちの姿が見かけられます。小学校の休み時間には一輪車と共に竹馬も人気の遊びです。「けいどろ」系の鬼ごっこなども脈々と受け継がれ、楽しまれています。現代の子どもたちは伝承的な遊びはほとんどやらなくなっているのでは、とつい思ってしまいますが、決してそういうわけではありません。昔と比べると少なくなっていることは明らかですが、今でも人気があり子どもの遊び文化として受け継がれている遊びもたくさん残っています。

子どもたちが遊ぼうとする時、その遊びが現代風の遊びか伝承的な遊びかなど意識するわけではありません。大人から見て教育的意義があり、ぜひ経験させたい遊びであっても、子どもにとって面白くなければ続かないし、逆に子どもに悪影響が心配されるものでも面白ければ子どもはとびつきます。実にシンプルです。私たちは子どもたちにもっと伝承遊びを楽しんでほしいと願っているわけですが、それがあまり遊ばれなくなったのには様々な要因があるでしょう。そこには遊び場所の問題や遊び仲間の問題など簡単には解決できないものも多くあります。ただそれとは別に「伝承遊び」を子どもたちがどれだけ知っているのかという問題があります。ある調査（チャイルド・リサーチ・ネット（CRN）『モノグラフ・小学生ナウ』1999 年度 voL.19-1「子どもたちの遊び」）で「ゴムとび」をしたことがあるかという問いに対しておよそ６割の子が「やったことがない、知らない」と答えています。ちなみに「したことがある」割合が最も多かったのは「鬼ごっこ」でしたが、それでもおよそ１割の子どもたちが「やったことがない、知らない」という答えでした。また、別の問いで遊びに対する子どもの意識を調べたもので「もっといろいろな遊びをしてみたい」と答えている子の割合は７割を越えていました。「伝承遊び」に限ったことではなく、子どもたちは遊びを知らないのです。そしてまだ出会っていない面白い遊びを求めているのです。

かつての、「伝承遊び」が年長者から年少者へと伝えられ、子どもたちがその遊びの楽しさを知り、そしてそれをまた年少者に伝えていくというプロセスが途切れたことで、子どもたちが知る遊びのバリエーションが著しく少なくなっているのが現実です。最近の子どもたちの遊びはゲーム機などによる個の遊びへと変化したと言われます。実際、何人かの友だちどうしで公園のベンチに座り、それぞれが自分のゲーム機でゲームをしている姿もよく見かけます。しかし、よくよく考えてみると、現在、遊びを知らない子どもたちに「この遊びは面白いぞ」と伝えているのはテレビのコマーシャルくらいではないでしょうか。コマーシャルを見て「面白そうだな」と思い、やってみたら面白いからやっている、という事ではないでしょうか。もし、公園でゲームをやっている子どもたちが、数人いればできる遊びを知っていて、その楽しさを知っていたとしたら、きっとみんなで遊び始めるはずです。でも、残念ながらその子どもたちにはみんなで遊ぶという選択肢がないのです。もしくは一人でゲームをする楽しさに勝るみんな遊びの楽しさを知らないのです。

このような子どもたちのために、私たち大人は何ができるでしょうか。それは伝承遊びの楽しさを伝えることです。地域のお父さんお母さんであれ、幼稚園や学校の教師であれ、それぞれの立場で子どもたちに経験させたい様々な「伝承遊び」を伝え、子どもたちの心の引き出しにたくさんの遊びを詰めこんでやることが子どもの遊びを豊かにすることにつながります。遊びが面白ければ子どもたちは遊びます。つまらなければやりません。それは子ども自身が決めることです。地域や子どもたちの実態により、できる遊びや子どもに受け入れられる遊びは異なるでしょう。しかしこれまでずっと子どもたちと共にあった「伝承遊び」ですから、子どもたちを楽しませ、豊かな経験を与えてくれるものもたくさんあると思います。子どもたちはまだ出会っていない面白い遊びを求めています。だからこそ、今の子どもたちにどのような遊びと出会わせるかが大切なのです。同じ遊ぶなら子どもたちの世界をより豊かにできる「伝承遊び」で楽しませたいと思いませんか。これからの時代、大人は「伝承遊び」の子どもへの伝道者であれ、というのは少々オーバーでしょうか。

では、今の子どもたちにふさわしい「伝承遊び」とはどのようなものでしょうか。結論を先に述べると、それは子どもたちが決める、という事になるのだと思います。ただ、私たちがどのような「伝承遊び」を伝えるべきか、どのように伝えることで子どもたちの財産とできるのかについては私たち大人が「現代」という時代背景をもとに考えていかなければならないことだと思います。

ここからはもう少し具体的に、小学校での体育学習において、今「伝承遊び」を取り扱う際に、現代的課題を踏まえてどのような遊びを選び、どのように展開すべきかについて考えたいと思います。それを通して伝承遊びを現代的に取り扱うとはどのようなことなのかについても考えたいと思います。

そもそも、子どもたち同士の関わりの中で楽しまれ伝えられてきた「伝承遊び」が、学校教育の中に取り込まれたのはなぜでしょうか。それは、子どもたちの抱える現代的課題に対応しうるものとしての伝承遊びの教育的効果を期待しているという事にほかありません。しかし、数ある「伝承遊び」のうち、どれをやっても同じ効果があるというわけでもありません。今の子どもたちに合った遊びの選択と、今の子どもたちにふさわしい取り扱い方があるはずです。

体育の授業で行われている伝承遊びですが、実践されている遊びを見ると、さまざまな鬼ごっこやだるまさんがころんだ、けいどろ（どろけい）、大縄とびなど、比較的大人数でかつ広い場所で行われる遊びが多いようです。体育の授業はしっかりと場所が確保されクラス全員で取り組むものなので、このような遊びが取りあげられるのは当然です。そしてこれらの遊びが子どもたちに集団で遊ぶことの楽しさを味わわせ、また、体力や敏捷性、協調性などの向上をもたらすことは言うまでもないですし、体育の授業の効果とすればそれで十分かもしれません。しかし、そこで子どもたちに伝えた遊びを、子どもたち自身のものとするためには、その遊びが体育の時間だけにとどまらず、地域での子どもの生活においても遊ばれるものとならなければなりません。先生に教わった遊びを心の引き出しにしまい込んでも、それを子どもたちだけで遊ぶ時に使えないならば、その遊びは広がらないからです。

授業を離れ、学校外での子どもの遊び集団は３名程度であることが多く、５名以上で遊ぶことは珍しいというのが現状です。また遊び場についても、学校の運動場のように広くて安全な空間を探すことは困難です。つまり、よく体育の授業で子どもたちが経験する、広い場所で数十人で楽しむ遊びが、地域での子どもの生活に取り入れられるのはなかなか難しいことなのです。

では、子どもの生活の中でできる遊びを目指す時、望ましい遊びとはどのようなものでしょうか。もちろん、大勢での遊びを否定するものではありませんが、子どもにとっての効果をより思うとき、私はそれについて以下のような条件があると考えます。

1 基本的には少人数で遊べ、多少の人数の増減には柔軟に対応できる遊び
2 あまり広くない場所でもできる遊び
3 年齢や遊ぶ子どものレベルに応じてルールや行い方が変えられる遊び

これらの条件を満たす遊びを選び、その遊びに対して子どもたち自身が創意工夫したり、人数や場に応じて柔軟に対応したりしながら遊びを楽しむことを重視した指導を行うことが大切です。つまり指導者は、体育の時間に遊びを紹介し楽しませるという役割からさらに一歩踏み込んで、紹介した遊びが子どもたち自身のものとなるように、子どもたちが遊びを自由にアレンジし創造できる力を身につけるように、援助することが必要なのです。そうすることで、現代に生きる子どもたちに対して、伝承遊びの持つ教育的価値をさらに活かせる体育授業となるのではないかと思います。

どんなところでも、何人ででも、今そこにある条件でできる遊びを選び、行うことのできる力があれば、もともと体を動かすことが好きな子どもたちです、私たちが思いもしないようなかたちで遊びを伝承

していってくれるのではないでしょうか。
　上の条件にあてはまる、1つの遊びを紹介します。

遊びの例「インサ（ドッピン）」

　ここで紹介するのは「インサ」とか「ドッピン」とか呼ばれるボールを使った遊びです。この遊びは2人から遊ぶことができます。4人以上になればそのまま遊ぶことも、また、コートを拡張して遊びを変化させることもできます。加えて、ボールの打ち方や行い方を工夫することで、様々に発展させることも可能な遊びです。

ルール

　地面にマス目を2つ並びで書いて、それぞれのマスに1人ずつ入ります。入ったマスが自分の陣地となります。（ここでマス目をどのくらいの大きさにするかがポイントで、工夫のしどころです。）
　一対一で向かい合います。ドッジボール用のボールをワンバウンドしてから相手の陣地に打ち返します。打ち返す手は腰より下から出すことを原則とします。（相手陣地のどこに落とすか、打ち返す強さをどれくらいにするかなどがポイントです。ボールに回転を加えて相手陣地に落とすという事もできます。）
　自分の陣地でツーバウンドしたり、相手陣地内に打ち返せなかったらアウトになります。順番待ちをしている友だちがいれば交代し、自分は列の最後尾に並びます。これを繰り返します。4人以上になれば田の字型に陣地を書き、4人で同時に遊ぶこともできます。

ルールや行い方のバリエーション

　・ボールは手のひらで打ち返すのか、グーで打ち返すのか。

・ボールを上から打ち下ろすように打つのは、ありかなしか。

・ノーバウンドで打ち返すのは、ありかなしか。

また、田の字型で遊ぶ場合（「天大中小」「がんばこ」とも呼ばれる）は４人に序列をつけてその序列に基づいて交代するような遊び方や、田の字の中心部に円を描いて、そこにボールを落とすとアウトになるといった、より複雑なルールで行うこともできます。

ここまで、小学校の体育授業の実践として書いてきましたが、これは体育の授業の場面だけでなく、子どもたちに「伝承遊び」を伝えようとする時に大切にしてほしいことです。

遊びを伝え、子どもたち自身で豊かに遊ぶことのできる力をつけてやることができれば、そこから先は子どもたち自身がその遊びを発展させていってくれるのではないでしょうか。

第2部

遊びの実際

この第二部に示した実践例は一つ一つが楽しいものですが、実際に展開する場合は、運動の質と量、集団の特徴、音楽や道具の有無、遊び（ゲーム）の流れなどを勘案して、一連の遊びとして実施することによって、参加者は満足感や達成感を味わうことができるでしょう。以下に、展開案作成の目安となる一覧表を示します。

表は、年齢、運動の質（大分類）、遊びの種類（小分類）の３視点で整理しています。

大分類　１全身、２手足、３考える（勘）

小分類　１ごっこ遊び（1a 鬼ごっこ、1b その他）、２歌にあわせた遊び
３道具をつかう遊び、４ジャンケン／その他（4a ジャンケン、4b その他）

凡　例　「１全身をつかう -1a 鬼ごっこ」は「1-1a」と表現する。

園・学校以外で展開する場合

①地域や社会活動団体で、異年齢集団に対応する場合は、全展開例の中から選ぶ。

②福祉施設や老人クラブなどで、高齢者集団に対応する場合は、全展開例の中から運動量・質やルールの難易度などを考慮して選ぶ。

就学前の幼児

1-1a	8	田んぼの『田』!!
	9	引っ越し鬼
	10	角とり鬼ごっこ
	11	魔法鬼
	12	色鬼
	13	石木鬼
	14	脱線ゲーム
	15	缶けり
1-1b	30	ターザンごっこ
	31	チャンバラ
	32	忍者ごっこ
	33	しっぽとり
	34	アンパンマンごっこ
	35	電車ごっこ
	25	だるまさんがころんだ
	26	大根ぬき
	27	大車輪
	28	猛獣狩り
	29	インゴニャーマ
	19	くっつき鬼
	20	木の中のリス
	21	カエルさん あそびましょ
	22	Sケン
	23	UFO 鬼
	24	ひまわり

1-2	54	押しくらまんじゅう
	55	通りゃんせ
	56	もぐらどん
	57	ひらいた ひらいた
	58	魚がはねた
	50	あくしゅでこんにちは
	51	なべなべ
	52	お茶のみにきてくだい
	53	大きなくりの木の下で
	39	あわぶくたった
	40	いろはにこんぺいとう
	41	かごめかごめ
	42	じゃんけん列車
	43	あんたがたどこさ
	44	うち なか そと
	45	鬼のパンツ
	46	一かけ二かけ…
	47	幸せなら手をたたこう
	48	アルプス一万尺
	49	ポテトチップスのうた

1-3	86	ゴムとび
	87	ダンボールすべり
	84	石けり
	85	イス取りゲーム
	77	板あて
	78	鳥ゴムとび
	79	ハイハイベースボール
	80	ハンカチ落とし
	81	マリとり競争
	82	ヘビさんとび
	83	人間すごろく
	76	紙テープ遊び
1-4a	95	足開きジャンケン
	96	ジャンケントンネルくぐり
	97	進化ジャンケン
	98	背負いジャンケン
	99	パフォーマンスジャンケン
	100	ブーブージャンケン
	93	クルクルジャンケン
	94	関所やぶり
1-4b	109	ケンパー（ケンケンパー）
	106	ぎったんバッタン
	107	尻ずもう
	108	円陣バランス
2-2	121	手合わせおちゃらか
	122	こぶた たぬき きつね ねこ
	123	たーまご　たまご
	124	わたしはネコの子
	125	チョキチョキダンス
	126	アンパン　食パン
	127	たまごをポン
	128	ピクニック
	129	グーチョキパー
	130	ひげじいさん
	131	ゴレンジャー
	119	ずいずいずっころばし
	120	茶々つぼ
	111	芋むしゴロゴロ
	112	靴かくし
	113	お寺の和尚さん
	114	指揮者
	115	十五夜のおもちつき
	116	チューリップ
	117	きらきらぼし
	118	もしもし亀よ

2-3	168	おはじき遊び
	169	紙ずもう
	170	靴とばし
	171	福笑い
	172	松葉ずもう
	173	水てっぽう
	174	ケーキ屋さんごっこ
	175	本屋さんごっこ
	176	着せかえ人形
	167	数当て
	157	お手玉
	158	スーパーお手玉
	159	折り紙占い
	160	缶ポックリ
	161	棒倒し
	162	ボタンゴマ（ブンブン）
	163	輪投げ
	164	バトンリレー
	165	ゴロゴロドカーン
	166	笹舟
2-4a	185	挨拶ジャンケン
	186	ジャンケン手たたき
	187	第六感ジャンケン
	184	こぶとりごっこ
	178	ジャンケンポイ、あっち向いてホイ
	179	さいしょはグー、ジャンケン
	180	表情ジャンケン
	181	サイン集めビンゴ
	182	手足同時ジャンケン
	183	グーキ　ジャンケン
3-2	190	にらめっこしましょう
	191	八百屋さん
	192	いい虫悪い虫
3-4b	205	なあんて書いた
	203	ナンバーコール
	204	船長さんの命令
	198	いつ どこで だれが なにを どうした
	199	伝言ゲーム
	200	スピーカー
	201	八百屋の買い物もぐらどん
	202	つもりかくれんぼ

小学校低学年以上

1-1a	1	影ふみ鬼ごっこ
	2	子とろ子とろ
	3	手つなぎ鬼
	4	大移動
	5	ポコペン
1-1b	16	けーどろ
	17	昼夜電信棒
1-2	36	おもちゃのチャチャチャ
	37	アブラハムの子
	38	郵便屋さんお入りなさい
1-3	67	かかし（ケンケン石けり）
	68	ケンパー
	69	三角ベース
	70	みんなでゴー
	71	みんなで「あやとり」
	72	フルーツバスケット
	73	雪合戦
	74	ゴム・ダンス「ステッぴょん」
1-4a	89	どんま
	90	パパイヤジャンケン
	91	陣取りドリブル
	92	SOS ！
	88	ジャンプジャンケン
1-4b	102	馬とび
	103	震源地は誰だ！
	104	ヒューマンチェア
	105	ラブラブ見つけよう
2-2	110	八十八夜
2-3	145	クギ刺し
	146	陣取り
	147	凧あげ
	148	パチンコ
	149	吹き矢
	150	水きり
	151	メンコ
	152	輪ゴムてっぽう
	153	ハンカチまわし
	154	三角ダー
2-4a	177	積算ジャンケン
3-2	188	おちたおちた
	189	ABC のうた
3-4b	193	あまのじゃく

小学校中学年以上

1-1a	6	線鬼ごっこ
	7	イタイ・イタイ鬼
1-1b	18	すいだん・ぽっかん
1-3	75	王様ドッジ
1-4b	101	蛇の皮抜け
2-3	155	竹馬
	156	ベーゴマ
3-4b	194	自己紹介遊び
	195	ウインク鬼
	196	わたしは誰でしょう？
	197	行方不明者は誰だ？

親子で楽しむ歌遊び

59	しょうゆくださいな
60	赤い鳥 小鳥
61	おすわりやっしゃ
62	馬はとしとし
63	いちわのからす
64	アジのひらき
65	あたま かた ひざ ぽん
66	だっこして
132	かいだんのぼってこーちょこちょ
133	一本橋こちょこちょ
134	ここはとうちゃん にんどころ
135	チョチチョチアワワ
136	おつむてんてん
137	チッチコッコとまれ
138	こっちのタンポ
139	あがりめ さがりめ
140	おせんべやけたかな
141	どの竹の子
142	風さん吹いとくれ
143	おべんとうばこのうた
144	むっくりくまさん

1　影ふみ鬼ごっこ

概要　タッチの代りに影をふむ鬼ごっこ

人数　２人～

対象　小学校低学年～

遊びかた

① 鬼を１人決めます。

② みんなは、鬼に影をふまれないように逃げます。

③ 鬼に影をふまれた人は、鬼と交代します。

Point

・影が消える物陰に入ってもよいことにする場合は、時間に制限（10 秒数える間など）をもうけるとよい。

2　子とろ子とろ

概要　列の最後尾の人を捕まえる鬼ごっこ

人数　５人程度

対象　小学校低学年～

遊びかた

① 鬼を１人決めます。みんなは一列になってつながり、列の先頭の人が「親」、２人目から最後尾までの人は「子」の役をします。

② 鬼は列の最後尾の「子」を捕まえようとし、「親」や他の「子」はそれを阻止しようとします。

③ 鬼が最後尾の「子」を捕まえた場合には、列の最後尾に連なって「子」となります。「親」をしていた人が今度は鬼になり、②③をくりかえします。

Point

・安全のために、列で動く練習をさせておくとよい。

3　手つなぎ鬼

概要　２人の鬼が手をつないでみんなを追いかける鬼ごっこ

人数　10人～

対象　小学校低学年～

遊びかた

① 鬼を２人決めます。その２人の鬼は手をつないで行動します。

② 鬼にタッチされた人は、鬼に捕まえられたことになり、その場に座ります。

③（事前に決めた制限時間内に）逃げている全員を捕まえられたら鬼の勝ち。

Point

・面白くするために、行動の範囲（エリア）を決めておくとよい。

4　大移動

概要　鬼につかまらないように移動する

人数　20人程度

対象　小学校低学年〜

準備　地面に上のような図を書き、安全地帯に色を割り振ります。

遊びかた

① 鬼を1人決めます。鬼は○の中に立ちます。みんなは安全地帯にはいります。

② 鬼が「大移動！」と言ったら、全員が他の色に移動する。

③ 鬼が「色」の名称を1つ言ったら、その色の地帯にいる人は、他の色の地帯に逃げ込みます。

④ 鬼は陣から出て、他の色に逃げ込もうとしている人をつかまえます。つかまった人が新しい鬼になり、鬼だった人は好きな色のところに入ります。

Point

- ③の時に1番近くの色には逃げ込めないというルールにしてもよい。
- 鬼が交代するのではなく、鬼がどんどん増えていくようにしてもよい。
- 多人数でする場合には、校庭や体育館を広く使い、安全地帯となる色を増やします。

5　ポコペン

概要　やや複雑なかくれんぼ

人数　５～10人

対象　小学校低学年～

遊びかた

① 鬼を決めます。陣地Ａと陣地Ｂを決めます（陣地ＡとＢはそれぞれにやや離れた場所にある木や柱を目印にします）。鬼は陣地Ａで皆に背を向け、目をふさいでいます。誰かが鬼に近づき「ポコペン　つっつきまーした　ポコペン」と言いながら鬼の背中をつつきます。

② 鬼はすぐその人の名前を言い、当たれば、名前を当てられた人が鬼になります。当たらなければ、鬼が陣地Ｂに行き目印にタッチして陣地Ａに戻ってくる間に、全員がかくれます。

③ 鬼が誰かを見つけたとき、陣地Ａの目印にタッチして「○○さんポコペン」と言うと、その人は捕まったことになります（捕まった人は陣地Ａに手をつないで待機します）。

ただし、見つかった人が鬼より先に陣地Ａの目印にタッチすれば、捕まりません。また、誰かが鬼に捕まらずに陣地Ａの目印にタッチしたときは、それまでに捕まった全員が解放され、鬼が陣地Ｂへ行くところから再開します。全員を捕まえれば鬼の勝ち。

6　線鬼ごっこ（現代風）

概要　線の上だけを移動できる鬼ごっこ

人数　５人～

対象　小学校中学年～

準備　線が引かれている広場、体育館など

遊びかた

① 鬼を１人決めて、鬼ごっこをします。鬼も鬼でない人も、線の上だけを走ったり歩いたりすることができます。また、飛んで別の線へ移ることはできません。線のつなぎ目を伝ってのみ、別の線へ移ることができます。

Point

・走ってもよい色の線を指定するのも面白い。
（その場合、鬼はすべての線を走ってもよいことにする。）

7　イタイ・イタイ鬼（現代風）

概要　ポーズをしながら追いかける鬼ごっこ

人数　15人～

対象　小学校中学年～

遊びかた

①「頭痛鬼」「腹痛鬼」「歯痛鬼」の三種の鬼を各1人決めます。

② それぞれの鬼はポーズをとりながらみんなを追いかけます。捕まえられた人は、それぞれの鬼に合わせたポーズ（頭痛、腹痛、歯痛）でその場に止まります。

③ 全員がどれかのポーズになれば終了です。

Point

・全員が「頭痛鬼」「腹痛鬼」「歯痛鬼」のどれかになって、タッチされたらその鬼になるというルールにしてもよい。その場合は、最後は三種のどれかのみになったところで終了です。

8　田んぼの『田』!!

概要　範囲の限られた鬼ごっこ

人数　10人～

対象　５歳～

準備　地面に大きな『田』を描く

遊びかた

① 鬼を２人決めます。鬼は『田』の斜線部分（下図参照）しか動くことができません。みんなは４つの箱に分れて入り、４つの箱を順に移動（征服）します。

②「ヨーイ始め！」の合図で、鬼ごっこをします。鬼にタッチされると、鬼を交代します。

③ ４つの箱全てを征服した人は、『田』の外に座り、待機します。

Point

・人数が多い時は、鬼チームと逃げるチームに分けます。鬼にタッチされた人は『田』の外で待ちます。鬼が全員をタッチすればゲーム終了となり、鬼チームと逃げるチームを交代します。

9　引っ越し鬼

概要　二つの安全地帯を移動する鬼ごっこ

人数　10人～

対象　５歳～

準備　地面に２つの円を描く（円の中は安全地帯）

遊びかた

① 鬼を１人決めます。

② 他のメンバーは一方の安全地帯に入ります。

③ 鬼の「引っ越しです」の合図で、みんな円から出て、もう一方の安全地帯に逃げ込みます。その間に鬼はタッチしに行きます。

④ タッチされた人は鬼の仲間になります（鬼は交代するのではなく、どんどん人数が増えていきます）。

⑤ 安全地帯にいる最後の１人になった人が勝ちです。

Point

・安全地帯の数を増やしたり、大きさを変えると面白い。

10　角とり鬼ごっこ

概要　手で角をつくって行う鬼ごっこ

人数　８人～

対象　５歳～

遊びかた

① 鬼を決めます（鬼の数は逃げる子３人に対して１人の割合にします）。

② 鬼にタッチされた人はその場に立ち止まり、両手をグーにして（鬼の角）、頭の上に置きます。

③ まだタッチされていない人は、角が生えた人にタッチをして助けます。誰かにタッチされると、一本の角が抜け落ち、片方の手を下に降ろします。また別の人にタッチしてもらうと、もう一本の角も取れ、再び逃げることが出来ます。

④ 制限時間内に全員が捕まった場合、鬼の勝ちになります。

11　魔法鬼

概要　鬼が魔法をかけて、みんなをいろいろな動物にする遊び

人数　10人～

対象　5歳～

遊びかた

① 鬼を1人決めます。

② 鬼は逃げる子を追いかけてタッチします。鬼にタッチされた子は魔法をかけられます。（魔法の例：「犬になれ」「ウサギになれ」「カエルになれ」など）

⑤ 魔法をかけられた子はその動物の真似をします。

Point

・ 魔法をかけられた子が他の子にタッチしてもらうと魔法が解けるようにしても面白い。

12　色鬼

概要　鬼の指定する色のものを探し出して触る間に鬼ごっこをする

人数　15人～

対象　5歳～

遊びかた

① 鬼を1人決めます。

② 鬼は大きな声で色の名前を叫びます（「赤！」など）。

③ みんなはその色と同じものを探し出して触ります。その間に鬼は、色を探して走っている人や他の色を触っている人をタッチします（色に触れている人はタッチできません）。

④ タッチされた人が次の鬼になります。

Point

・盛り上がってくると、1つの色だけでなく、2つの色を同時に言ってもよい。
・1つの場所には1人しか触れないというルールにしても面白い。

13　石木鬼

概要　タッチされると石や木になる鬼ごっこ

人数　10人～

対象　5歳～

遊びかた

① 鬼を1人決めます。みんなは逃げ、鬼はそれを追いかけます。

③ 鬼にタッチされたら、その人は固まります。その時、鬼はタッチする人に向かって、「石」または「木」と言います。「石」と言われた人は石になってしゃがみます。「木」と言われた人は木になって、立ったまま足と手を広げます。

④ タッチされてない人は、次の二つの方法で固まった人を助けることができます。⑴ 石→上を飛び越える　⑵ 木→股の下を通る

⑤ 全員が固まったり、あらかじめ設けた制限時間を超えると終了です。

14　脱線ゲーム

概要　歌遊び鬼ごっこ

人数　10人～

対象　5歳～

遊びかた

① 鬼を2人決めます。みんなは円になって手を繋ぎ、鬼は円の中心に立ちます。

②「汽車、汽車、脱線、脱線、脱線、脱線、脱線だ～、脱線だ！」の歌の後、鬼はそれぞれ好きなところで円を切ります。

③ 二本の線のうち短い方の人たちは、ばらばらになって円の外側を走ります。鬼もそれに混ざって走ります。円の長い方の人達はそのまま立っています。

⑤ 走ったら円の遠い方を始点に順に並んで手をつなぎます。つなぎ遅れた最後の2人が次の鬼になります。

エイッ
鬼はそれぞれ
好きなところで
円を切る
短い方（少ない人数の方）
バラバラになって
円の外側を走る
（鬼も一緒に）

走ったら円の遠い方から
手をつなぐ

15　缶けり

概要　缶を使ったルールの複雑なかくれんぼ

人数　10人程度

対象　5歳〜

準備　空き缶

遊びかた

① 鬼を決めます。地面に描いた小さな円の中に空き缶を置き、鬼以外の人が蹴ります。

② 鬼が空き缶を取りに行っている間に、みんなは急いでかくれます。

③ 鬼は空き缶を円の中に戻してから皆を探します。見つけたら、その人の名前を呼んで空き缶を踏むと、その人は捕まります。捕まった人は鬼のそばにつながれます。

④ 見つかってない人が鬼のすきをみて缶を蹴れば、捕まっていた人も再び隠れることができます。

⑤ 鬼が全員を見つけたら、最初に捕まった人が鬼になり、遊びを続けます。

16　けーどろ

概要　警察と泥棒に分かれて行う鬼ごっこ

人数　10人程度（各チーム4～6人）

対象　小学校低学年～

準備　帽子（警察の目印になるもの）、牢屋となる場所

遊びかた

①「警察」と「泥棒」に分かれ、警察は帽子をかぶります。

② 警察が10数える間（数え方はいろいろアレンジしてよい）に泥棒は逃げます。

③ 警察は泥棒を追いかけタッチすることで泥棒を捕まえます。捕まった泥棒は牢屋に入ります。捕まった泥棒は、他の仲間（泥棒）にタッチしてもらうと牢屋から逃げられます。

④ 泥棒が全員捕まったところで終了し、泥棒と警察を交代します。

Point

・ 泥棒が逃げるエリアを決めておくとよい。
・ 泥棒と警察を同人数にしたり、泥棒より警察の人数を少なくするなど工夫するとよい。

17　昼夜電信棒

概要　目隠しをした鬼の指定にあわせてみんなが動く鬼ごっこ

人数　10人～

対象　小学校低学年～

準備　あらかじめ動く範囲（エリア）を決めておきます。

遊びかた

① 鬼を１人決めます。鬼は目かくしをします。

② みんなは「昼、夜、電信棒」と鬼に聞きます。

③ 鬼が「昼」と答えます。みんなは大きな声で騒ぎながら逃げまわります。

④ 鬼が「夜」と答えます。みんなは、静かにそろりそろりと動きます。

⑤ 鬼が「電信棒」と答えます。みんなは、その場に止まり（電信棒になります）動いてはいけません。

⑥ 鬼が「電信棒」と言った次は再び昼に戻り、以下「昼→夜→電信棒→昼→夜→電信棒…」と繰り返します。その間に誰かが鬼にタッチされたら、その人が次の鬼になります。

18　すいだん・ぼっかん

概要　陣地を守りながら、相手の大将を捕まえる遊び

人数　10人～

対象　小学校中学年～

準備　ひさしのある帽子（紅白など２種類）

遊びかた

① 2チームに分かれ、各チーム内でそれぞれの役割を決めます（大将１人、すいだん、ぼっかんはそれぞれ２人以上）。目印として帽子のかぶり方をそれぞれ変えます（例：大将＝つば後ろ、すいだん＝つば横、ぼっかん＝つば正面）。

② それぞれの陣地を決め、自分の陣地と大将を守ります。相手チームのより弱い役割の者をタッチで捕まえた時には、自分の陣地に連れて行きます。捕まった人は捕まっていない仲間にタッチしてもらえば、陣地から逃げることができます。最終的に相手の大将を捕まえたチームが勝ち。（大将はすいだんを、すいだんはぼっかんを、ぼっかんは大将を捕まえることができます。）

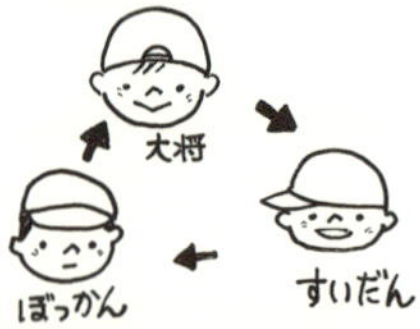

19　くっつき鬼

概要　人の背中にどんどんくっついていく遊び

人数　10人

対象　5歳～

遊びかた

① リーダーの「始め！」の合図でスタート。誰かの背中に両手をついてくっつきます。くっついた子はつながったまま、後ろからついていきます。

② どんどんくっついていきます。くっついている子にくっついてもよい。くっつかれている子も誰かにくっついていきます。

③ 離れてしまったらまた誰かにくっつきます。どんどんつながって、一列にみんながつながったら終わりです。列の先頭になった子が次の遊びの鬼になります。

Point

・何回か繰返し、「鬼になった回数を少なくしよう」と激励することが大切です。

20　木の中のリス

概要　三人組をつくって、余った人が鬼になる遊び

人数　10人〜

対象　5歳〜

遊びかた

① 鬼を1人決め、残りの人で、3人組を決めます。3人のうち、1人が「リス」、2人が「木」になります（右図参照）。

② 鬼は「オオカミがきたぞ」「木こりがきたぞ」「嵐がくるぞ」のどれかを言います。

オオカミ→リスは別の木に移動（ただし、隣の木には移動できない）

木こり→木は別のリスに移動（隣のリスには移動できない。木のペアは変わってよい）

嵐→新しい3人組で木とリスになる

③ 鬼は、みんなが移動している時に相手を探し、空いている場所に入ります。3人組になれなかった人が次の鬼になります。

Point

・人数が多く、たくさんの人と関わるという目的で遊ぶ時は、一度ペアになった人とはペアになれないというルールを設けてもよい。

21　カエルさん あそびましょ

概要　カエルさんとの対話のあとに、鬼ごっこをする

人数　８人程度

対象　５歳～

遊びかた

① はじめに鬼を１人決めます。みんなは手をつないで円を作り、鬼はその円の中心にしゃがみます。

② みんなは「カエルさん あそびましょ」と言いながら鬼の周りを手をつないでまわり、言い終わったらその場で止まります。

③ 鬼はみんなの方を向いて「いまねています～」と答えます。

④ また、まわりの子は、同じ様に「カエルさん あそびましょ」と言いながらまわり、鬼は２回目には「いま顔あろてます～」と答えます。

⑤ ３回目には「いまご飯食べてます～」と答えます。するとまわりの子は、そのままで「何のおかず？」と聞き返します。

⑥ 鬼が「ヘビさん！」と答えたら、みんなは手を離して逃げます。鬼は追いかけてタッチします。タッチされた人が次の鬼になります。

Point

・途中のやり取りは、「いまテレビみてます～」「いまお風呂入ってます」など、どんどん作っていくのも面白い。
・最後の「ヘビさん」を他の気持ちの悪いモノ（不気味そうなもの）に変えてみるのも面白い。

カエルさん あそびましょ

22　Sケン

概要　片足（ケンケン）で相手の陣地にある宝ものをめざす

人数　10人程度（各チーム5～6人）

対象　5歳～

準備　宝2つ（小石、缶など）、紅白帽。陣地とひとやすみ島を描く。

遊びかた

① 2チームに分かれます。「ひとやすみ島」以外の外周部分は片足でしか進めません。外周部分と敵陣地内で両足をついたり転んだりしたら、その人は失格となります。失格者は、その回が終わるまで休み。

②「ヨーイ、ドン」の合図で出入口から出ます。相手の陣地へ攻め込み、先に宝物にタッチしたチームが勝ちです。

③ 守備役（陣地内なので両足を使える）は、陣地内に入ってきた相手（片足）とぶつかり合い、陣地の外へ押し出すようにして宝物を守ります。

Point

・得点表をつけて、くりかえし勝負してもよい。

23　UFO 鬼（現代風）

概要　円形になってまわった後で駆け、その後、鬼がつかまえる

人数　10人～

対象　5歳～

遊びかた

① 鬼を1人決めます。

② 鬼を含めて全員で円になり手をつなぎます。

③「UFO UFO まーわれ！」と歌いながら一方向にまわり、3回目に「UFO UFO とーまれ！」と言います。そのあと、一斉に手を離して駆けだします。みんなは、鬼が「ウルトラマンだ、とまれ！」と言うまで、できるだけ鬼から遠ざかります。

④ 鬼が「とまれ」と合図したら全員が止まります。

⑤ 鬼は5歩だけ歩いて誰かにタッチします。タッチされた人が次の鬼になります。複数の人がタッチされた場合は、ジャンケンで次の鬼を決めます。

24　ひまわり（現代風）

概要　内側チームは宝物を守り、外側チームは宝物を目指す

人数　６人～

対象　５歳～

準備　宝（空缶、石など）。地面に円と花びらを描く（下図参照）

遊びかた

① 2チームに分かれます。チームの代表がジャンケンをして、「内側」と「外側」を決めます。内側のチームは花の中に入り、外側のチームは花びらの外にいます。

② スタートの合図で、外側の人は花びらの通路をまわって（右まわりでも左まわりでもよい）、いりぐちに向います。

③ 内側の人は、通路をまわっている人を手で押したり、引っ張ったりして、通路から外に出します。内側の人も、外側の人も、線を踏んだ場合や通路の外に出てしまった場合には、アウトになります（アウトになった人は、外に出て仲間を応援します）。

④ 外側の人は、いりぐちから円の中に入って、「内側」の人にタッチをされたらジャンケンをします。ジャンケンに負けた人は外に出ます。そして、宝を取ることができたら、外側のチームの勝ち。外側の人を、全員アウトに出来たら内側のチームの勝ち。

25　だるまさんがころんだ

概要　鬼が見ていない間に鬼に近づいていく遊び

人数　10人〜

対象　4歳〜

遊びかた

① 鬼を1人決めます。みんなはスタートラインに並び、「初めの第一歩！」と言って前に一歩飛び出します。

② 鬼が壁（大きな木、大型遊具の柱などでもよい）の方を向いて「だるまさんがころんだ」と唱える間に、みんなは素早く鬼に近づきます。鬼は唱え終わるとすぐに振り向き、まだ動いている人を見つけたら名前を呼びます。呼ばれた人は鬼と手をつなぎます。鬼につながれた人は数珠つなぎになります。

③ ②をくりかえします。鬼が向こうを向いている間に近づき、捕まった人と鬼がつないでいる手を、「切った！」と言ってたたいて逃げます。1人も捕まっていないときは、鬼の背中をたたいて逃げます。鬼は10秒数えたあとで「ストップ！」と言い、みんなは止まります。

④ 鬼はあらかじめ決めておいた歩数（5歩など）だけ動いて、逃げた人を捕まえます。鬼に触られた人が今度は鬼になります。2人以上いた場合は、ジャンケンをして次の鬼を決めます。また、誰も触れなかった時には、鬼は交代しません。

Point

・「だるま」を「アンパンマン」「ドラエモン」などにしてもよい。

たるまさんが
ころんだ
ピタッ

26　大根ぬき

概要　大根役の子をお百姓役の子が引っこぬく遊び

人数　６人〜

対象　４歳〜

遊びかた

① ２人程度、百姓を決めます。百姓以外の人はみんな大根になります。

② 大根はうつ伏せになり、内向きに円を作って、みんなで手や腕を組みます。

③ 百姓は大根の足を引っ張って、引き抜きます。大根はなるべく体を寄せ合い、しっかりと組んで、引き抜かれないようにします。（引き抜かれた大根は百姓となって、残りの大根を引き抜きます。または、輪の中から出て座っていることにしてもよい。）

④ 大根が１人になったら終わりです。

Point

・大根はうつ伏せにならず、座って行なうのでもよい。
・大根を子どもが、百姓を大人が行なうのでもよい。

27　大車輪

概要　鬼にタッチされたらばらけて再びもとの位置にもどってくる

人数　15人～

対象　4歳～

遊びかた

① 鬼を1人決めます。みんなは5チームに分かれて座ります（図参照）。

② 鬼は座っている人の外側を周ります。ある列の一番後ろの人の肩をタッチして、そのまま右か左に走ります。

③ タッチされた人は自分の前の人にタッチしてから、鬼と同じ方向に走り出します（チームの全員が走ります）。

④ 一周して列のあった場所に戻り、戻った人から順に座ります（鬼も座ります）。座るのが最後になった人が次の鬼になります。

Point

・③で鬼と反対方向に走ることにしてもよい。

28　猛獣狩り（現代風）

概要　リーダーの言った動物の語数にあわせて組を作る

人数　10人～

対象　4歳～

遊びかた

① **リーダーが言った言葉を、みんなで繰り返します。**

「どんどこどこどこ
どんどこどん」

「猛獣狩りにいこーよ」

「猛獣なんて怖くない」

「鉄砲だって持ってるし」

「やりだって持ってるもん」

「あ！」 全員で「あー！」

リーダー「ライオン！」

(例：カバ、キリン…)

② **リーダーの告げた動物の名前が4文字だったら、みんなは4人組を作って座ります。組に入れなかった人が次のリーダーになります。**

29 インゴニャーマ（現代風）

概要　動物の名前を大きな声で呼ぶ遊び

人数　10人～

対象　4歳～

遊びかた

① トラチームとカバチームに分かれます。

② 司会者が「絶対絶対」と言った後、みんなは自分のチームの動物名を叫びます。このとき、声の大きなチームの勝ちです。

♪絶対絶対
カバだー
トラだー
カバチーム
トラチーム

Point

・声の大きさは司会者が判定するとよい。

〈司会者の立ち位置のバリエーション例〉
司会者が真ん中に入り向い合わせる. 敵が一目でわかるので対抗心がわく.
円になることで司会者も参加者も全員の人の顔を見ながら進めることができる

30　ターザンごっこ

概要　ロープにぶら下がって行うごっこ遊び

人数　５人～

対象　３歳～

準備　ロープ（太さは直径２センチ程度）、ペットボトル、あき缶

遊びかた

① 木の枝や雲梯などにロープを結びつけてぶら下がります。はずみをつけて揺らしたりします。

Point

・ロープでつるした的をけるなどすると面白い（図参照）。

31　チャンバラ

概要　刀を作って勝負する遊び

人数　10人～

対象　3歳～

準備　紙（新聞紙、広告、包装紙など）、セロテープ

遊びかた

① 紙を巻いて刀を作ります。

② 1対1で対面し（複数人の場合はリーダーの合図で）一定時間斬り合います。

切られた回数の多い人が負けです。

Point

・ 範囲を限って移動しながら戦うとよい。
・ チーム（各4～5人）に分かれて団体戦をするのも面白い。

32　忍者ごっこ

概要　忍者になりきって遊ぶ

人数　５人～

対象　３歳～

準備　布、タオル、ふろしき（頭にまいたり、忍術に使ったりする）、松ぼっくり、新聞紙など（手裏剣作成用）

遊びかた

① 材料を使って手裏剣を作ります。また、忍者のように頭に布を巻きます。

② メンバーがそろったところで、堀を伝ったり、手裏剣で勝負したりします。ふろしきを使った「忍法壁隠れ」（図参照）など、忍術を開発します。

Point

・手裏剣は、当たっても痛くないものを使う（松ポックリや新聞紙を丸める、など）。

33 しっぽとり

概要 しっぽをつけてそれを取り合う遊び

人数 20 ～ 30 人程度

対象 3 歳～

準備 はちまき・紐などしっぽになるもの

遊びかた

① 人数に応じて複数のチームに分けます。みんなはしっぽをずぼんに挟みます。

②「よーいはじめ！」の合図で、別のチーム人のしっぽを捕ります。

③ 時間内にしっぽを捕られた人が一番少ないチームの勝ちになります。

34　アンパンマンごっこ（現代風）

人数　10人～

対象　３歳～

準備　画用紙、ペン、輪ゴム、ホッチキス、布やふろしき（マント用）

遊びかた

① アンパンマンなどキャラクターのお面を作ります。

② お面をつけ、マントをつけてなりきって遊びます。

35　電車ごっこ

人数　20 人～

対象　3 歳～

準備　ロープ、段ボールなど

遊びかた

① 線路と駅（人が乗り降りできる場所）を作ります。電車は段ボールを利用して作ります（人が一列になってロープの輪の中に入るのでもよい）。

② 運転士、車掌、乗客になるなど役を交代して遊びます。

Point

・電車ごとに速さを競うのもよい。

36　おもちゃのチャチャチャ

人数　10人～

対象　小学校低学年～

遊びかた

① まず、「チャ」チームと、「おも」チームの2チームに分かれます。

② チームごとに1列に並びます。

③「おもちゃのチャチャチャ」の歌に合わせて、歌の中の「チャ」という言葉は「チャ」チームが、「チャ」以外の言葉を「おも」チームが歌います。自分のパートを歌うときは立ち、歌っていないときは座ります。

Point

・だんだんと歌うスピードを速くすると面白い。
・歌うときに座り、歌わないときに立つ、というように立つチームと座るチームを逆にするのもよい。

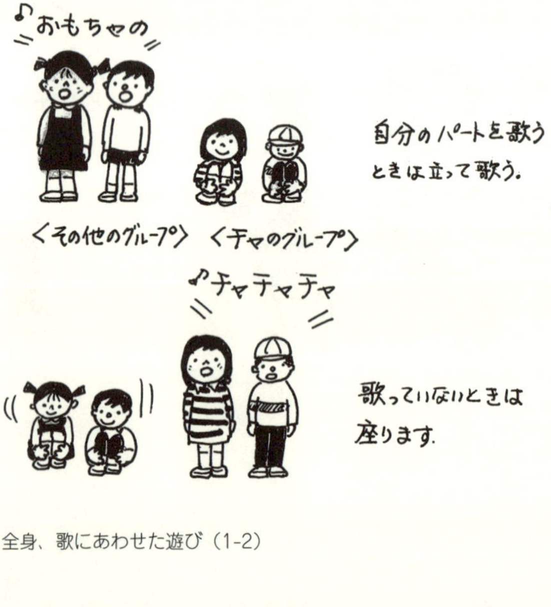
♪おもちゃの
自分のパートを歌うときは立って歌う。
〈その他のグループ〉
〈チャのグループ〉
♪チャチャチャ
歌っていないときは座ります。

37　アブラハムの子

人数　10人〜

対象　小学校低学年〜

遊びかた

① リーダーを1人決め、円になります。

② みんなで「アブラハムの子」を合唱します。「おどりましょう」まで歌ったら、リーダーが体の一部を歌うので、それに続いてみんなも言われた体の部分を使って歌いながら、リーダーの動きを真似て動きます。

（リーダーが「♪右手」と歌いながら右手を出せば、後に続いてみんなも「♪右手」と出しながら歌います。体の部位をつけ加え何度も歌います。）

歌詞

アブラハムには7人の子
1人はのっぽであとはちび
みんな仲良く暮らしてる
さあ　踊りましょう

38　郵便屋さんおはいりなさい

概要　歌に合わせて縄とびをしながら、ジャンケンをする

人数　10人程度

対象　小学校低学年～

準備　長縄

遊びかた

① **歌いながら２人で長縄をまわします。**

② **縄をまわす２人が「○○ちゃん　おーはいり」と歌い、名前を呼ばれた人が入ります。次に「△△ちゃん　おーはいり」と呼ばれて入ってきた人とジャンケンをします。**

③ **負けた人は縄の外に出ます。**

④ **勝った人は続けて跳び、縄をまわす人が「□□ちゃん　おーはいり」と新しい人を呼びます。また同じようにジャンケンをして、負けた人が縄から出ます。**

⑤ **②～④の過程で誰かが縄を踏んだ場合は、縄をまわす人と交代します。**

Point

・何人に勝ったかを競ったり、連勝数を競ったりするとよい。

歌詞

郵便屋さん（○○ちゃん）　おはいり　はいよろし　ジャンケンホイ
負けたお方は　出てちょうだい

39　あわぶくたった

概要　集団での歌遊び

人数　10人程度

対象　5歳～

遊びかた

① 鬼を1人決め、みんなは手をつないで鬼を中心にして輪になります。「あわぶくたった煮えたった 煮えたかどうだか食べてみよう」と歌いながら鬼の周りを時計まわりに歩きます。

②「むしゃむしゃむしゃ」と言いながら、鬼のそばに寄って食べるまねをします。
「まだ煮えない」→手をつないで元の場所に戻ります。（繰り返し）
「もう煮えた！」→輪をほどきます。

③「戸棚に入れて」→「カギをかけて」→「がちゃがちゃがちゃ」と言いながら、それぞれに合うような動作を自由にします。鬼は少し離れたところに連れて行かれます。

④「お風呂に入って じゃぶじゃぶじゃぶ」→「歯をみがいて お布団ひいて さぁ寝ましょ」と言いながら、それぞれに合う動作を自由にします。

⑤ 鬼が離れたところから「トントントン」と言うと、みんなは「なんの音？」と聞き、鬼は「○○の音！」と言う（○○の部分は鬼が自由に変えることができます）。

⑥ ⑤を何度か繰返し、最後に鬼が「おばけの音！」と言ったら、みんなは逃げます。鬼は逃げる人を追いかけてタッチします。タッチされた人が次の鬼になります。

歌詞

あわぶくたった 煮えたった
煮えたかどうだか 食べてみよう
むしゃむしゃむしゃ まだ煮えない
むしゃむしゃむしゃ もう煮えた
戸棚に入れて カギをかけて がちゃがちゃがちゃ
お風呂に入って じゃぶじゃぶじゃぶ
歯をみがいて お布団ひいて さぁ寝ましょ

40　いろはにこんぺいとう

概要　力比べ歌遊び

人数　６人～（5～８人が遊びやすい）

対象　５歳～

遊びかた

① 手をつないで輪を作ります。「いろはにこんぺい」と歌いながらまわります（あらかじめまわる方向を決めておきます）。「とう」で止まり足をふんばり、「えいや！」で足を動かさずに押したり引っぱったりして、両隣の人を動かそうとします。足を動かしてしまった人は負けとなり、輪から抜けます。

② ①をくりかえし、最後の２人は「えいや！」で向き合って両手で押し合います。

歌詞

いろはにこんぺいとう　えいや！

41　かごめかごめ

概要　鬼が後方にいる人を当てる歌遊び

人数　10人程度

対象　5歳～

遊びかた

① 鬼を1人決めます。鬼は両手で目をふさいで真ん中にしゃがみます。皆は手をつないで輪になり、鬼を囲んで「かごめかごめ」を歌いながらまわります。

②「すーべった」のところで一斉にしゃがみ、「後ろの正面だーれ」で、鬼の後ろの人の名前を当てます。鬼の後ろの人は、動物の声を出してヒントを与えます。

③ 鬼が当てたら、当てられた人が鬼になります。

歌詞

かごめかごめ　かごのなかの鳥は
いついつであう
夜明けの晩に　鶴と亀がすべった
後ろの正面　だあれ

42　じゃんけん列車

概要　歌いながらジャンケンをし、勝ったら列車が長くなっていく遊び

人数　10人〜

対象　5歳〜

遊びかた

① 曲に合わせて右足をチョンと出します。次に左足を出します。膝を一回曲げます。右足からはじめて、2歩前進します。

② この動作を繰り返します。誰かとであったら、ジャンケンをします。負けた人は勝った人の肩に両手を置きます。

歌詞

線路はつづくよ　どこまでも
野をこえ　山こえ　谷こえて
はるかな町まで　ぼくたちの
たのしい旅の夢　つないでる

線路はうたうよ　いつまでも
列車のひびきを　追いかけて
リズムにあわせて　ぼくたちも
たのしい旅の歌　うたおうよ

43　あんたがたどこさ

人数　10人～

対象　5歳～

遊びかた

手を使うバージョン

①「あんた《1》 がた《2》 どこ《3》」のリズムに合わせて手を3回たたき、「さ」でひざをたたきます。以下、「さ」の時にはひざを、それ以外のときは手をたたきます。（ペアの場合は、「さ」の時にお互いの手を打ち合わせます。）

足を使うバージョン

①「あんた《1》 がた《2》 どこ《3》」のリズムに合わせて足をそろえて3歩前へ進み、「さ」で後方へ1歩進みます。以下、「さ」の時には後ろに下がり、それ以外のときは前へ進みます。

② ペアでやる場合は、前後に並んで後ろの人が両手を前の人の肩に置き、①と同じ動作をします。

Point

・5～10人で②の動作をしてもよい。
・図のような箱を描いて、歌に合わせてこの中を移動するのも面白い。「さ」の時は「さ」の箱にしかはいれない。

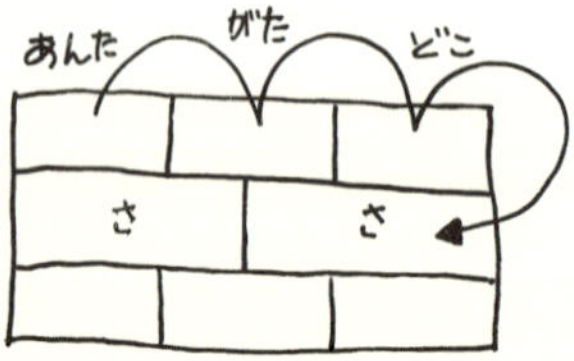

歌詞

あんたがたどこさ　肥後さ／肥後どこさ　熊本さ
熊本どこさ　せんばさ／せんば山には　狸がおってさ
それを猟師が　鉄砲で打ってさ／煮てさ　焼いてさ　食ってさ
それを　木の葉で　チョッとかぶせ

44　うち なか そと

人数　5、6人～

対象　5歳～

準備　みんなが一列に並べる円を地面に描く。

遊びかた

① 一列に並び、前の人の肩に手を置きます。

② 歌に合わせて、「うち」で両足内、「なか」で両足中、「そと」で両足外に置きながらジャンプして前へ進みます。

歌詞

なかなかそとそと
なかなかうちうち
なかそとなかうち
なかうちなかなか

45　鬼のパンツ

人数　5、6人～

対象　5歳～

遊びかた

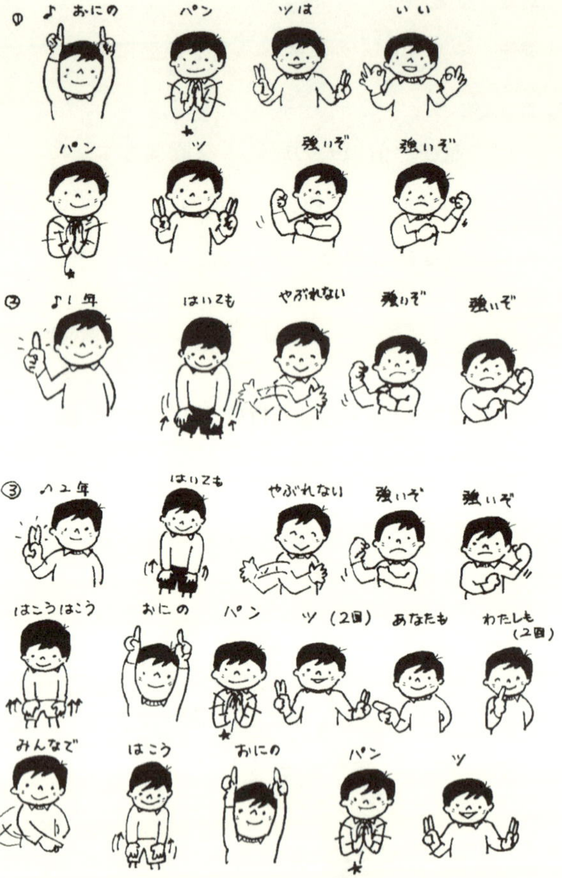

歌詞

鬼のパンツはいいパンツ　強いぞ強いぞ
1年はいてもやぶれない　強いぞ強いぞ
2年はいてもやぶれない　強いぞ強いぞ
はこうはこう鬼のパンツ　はこうはこう鬼のパンツ
あなたもわたしも　あなたもわたしも　みんなではこう鬼のパンツ

46 一かけ二かけ…

人数 5、6人～

対象 5歳～

♪いちかけ にかけ
さんかけて～

遊びかた

① 歌に合わせてケンケンしながら、うしろの人のふともも の後ろに足先をのせていき全員がのせ終わったら完成。歌が終わるまで行います。

歌詞

一かけ　二かけ　三かけて　四かけて　五かけて　橋を架け
橋の欄干　腰をかけ　はるか向こうを　眺めれば
十七、八の姉さんが　片手に花持ち　線香持ち
姉さん姉さん　どこいくの？　私は九州鹿児島の　西郷隆盛　娘です
お墓の前で　手を合わせ　南無阿弥陀仏と　拝みます
拝んだ後の魂が　ふ～わりふわりと　じゃんけんぽん

いちかけ にかけ さんかけて しかけてごかけて はしをかけ
じゅうしち はちの ねえさんが かたてにはなもち せんこうもち
はしのらんかん こしをかけ はーるかむこうを ながめれば
ねぇさん ねぇさん どこいくの わたしはきゅうしゅう かごしまの
さいごうたかもり むすめです
おはかのまえで てをあわせ なむあみだぶつと おがみます
おがんだ あとの たましいが ふわりふわりと ジャンケンポン!

採譜：荒川ひかる

47　幸せなら手をたたこう

人数　10人以上

対象　５歳～

遊びかた

① はじめに、円になって中を向き、手をつなぎます。（位置を決めます。）

②「幸せなら 手をたたこう」で円の中心に向って歩き、2回拍手する。

③「幸せなら 手をたたこう」で元の位置へ戻って、2回拍手する。

④「幸せなら 態度でしめそうよ」で手をつないだまま、右に歩く。

⑤「ほら みんなで」で一人その場で右にまわる。

⑥「手をたたこう」で2回拍手する。

歌詞

幸せなら 手をたたこう
幸せなら 手をたたこう
幸せなら 態度でしめそうよ
ほら みんなで 手をたたこう

①

②幸せなら…

③幸せなら…

④幸せなら 態度でしめそうよ

⑤ほら みんなで

⑥手をたたこう

48　アルプス一万尺

人数　10人～（偶数）

対象　5歳～

遊びかた

① 二重円を作ります。外円は左まわり、内円は右まわりに進みます。（歩く、スキップ、向かい合ってギャロップなど）

②「アルプスいちまんじゃく　こやりのうえで」と歌いながら正面に来た相手と組になります。

③「アルペン踊りを さあ踊りましょ」のところで手合わせをします。

④「ランラララ…」では両手をつないでその場でまわります。

歌詞

アルプス一万尺 小槍（こやり）の上で　アルペン踊りを さあ踊りましょう
ランラララ ラララララ　ランラララ ラララ　ランラララ ラララララ　ラララララ

49　ポテトチップスのうた（現代風）

人数　５人～

対象　５歳～

遊びかた

① ２グループが一列に並んで向き合います。一方が主節を歌い、もう一方が合いの手を入れます。

歌詞

畑のジャガイモが（ハァじゃがいもが）　モコモコ起きてきて（ハァおきてきて）
ゴシゴシ顔あらい（ハァ顔あらい）　パジャマを脱いだら太りすぎ
トントントントントンスマートに　油のお風呂につかったら
ポテトチップスできあがり（ハァできあがり）

50　あくしゅでこんにちは

人数　20 人～

対象　4 歳～

遊びかた

①てくてくてくてくあるいてきて
自由な方向へ元気よくあるく
②あくしゅでこんにちは
③ごきげんいかが
④もにゃもにゃもにゃもにゃおはなしして
2人向いあって手を口の前にもっていき、お話をする様子をする
⑤あくしゅでさようなら
②と同じ
⑥またまたあした
右手とあげ 手をふってさようならのあいさつをする

歌詞

てくてくてくてく 歩いてきて／あくしゅでこんにちは／ごきげんいかが
もにゃもにゃ お話して／あくしゅでさようなら／またまたあした

51　なべなべ

人数　10人～

対象　４歳～

遊びかた

① 立ったまま向かい合い、両手をつなぎます。

②「せっせっせのよいよいよい」で、両手をとり上下に動かします。

③「なべなべそこぬけ　そこがぬけたら」で、両手をつなぎ左右に揺らします。

④「かえりましょ」でつないだ手の片方をのぞくようにしてくぐり抜け、背中あわせになります。

⑤ 同じようにそのまま歌い「かえりましょ」元にもどります。

Point

・２人がぐるりと半回転し背中合わせになるとき、タイミングを合わせるとよい。
・「せっせっせのよいよいよい」のメロディは「なべなべそこぬけ」（下記譜面）に準ずる。

歌詞

鍋　鍋　底抜け
底が抜けたら
帰りましょ

52　お茶のみにきてくだい

概要　「鬼」と「子」が入れ替わっていく歌遊び

人数　10人～

対象　4歳～

遊びかた

① 鬼を1人決め、みんなは鬼を囲んで手をつなぎます。

②「お茶を飲みにきてくだ」で歩き、「さい」で全員止まる。鬼は周りの円とは逆まわりにまわります。

③ 止まったときに鬼と向かい合わせになった人が「はい こんにちは」と挨拶します。

④「いろいろお世話になりました」で、鬼とその人は手を取りあいその場でまわります。

⑤「はい さようなら」で2人は挨拶をして、鬼を交代します。

⑥ ②～④を同様にくりかえします。

歌詞

お茶を飲みに来てください　はい こんにちは
いろいろお世話になりました　はい さようなら

Point

・人数が多い場合は、鬼の数を増やしてもよい。

53　大きなくりの木の下で

人数　10人〜

対象　4歳〜

遊びかた

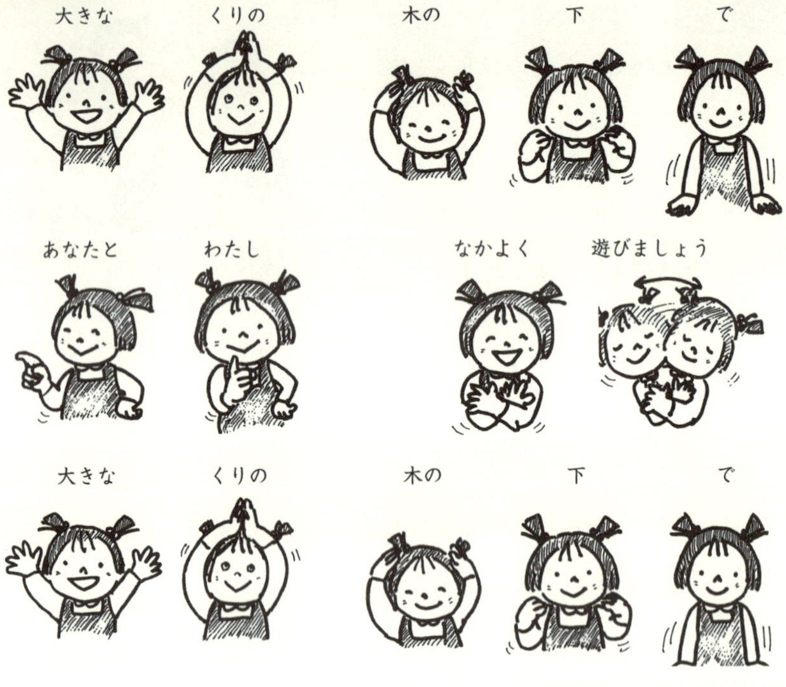

大きな
くりの
木の
下
で
あなたと
わたし
なかよく
遊びましょう
大きな
くりの
木の
下
で

歌詞

大きなくりの木の下で　あなたとわたし
なかよく遊びましょう　大きな栗の木の下で

おおきなくりの きのしたで あなたと わたし
なかよく あそびましょ おおきなくりの きのしたで

54　押しくらまんじゅう

人数　８人～

対象　３歳～

遊びかた

① 外を向いて腕を組んで円を作ります。

② 大きな声で「おしくらまんじゅう、おされて泣くな」と掛け声を出しながら押し合います。円の外に押し出されたら負けです。

55　通りゃんせ

人数　10人～

対象　３歳～

遊びかた

① 門役の２人は向かい合って頭上でアーチを作ります。他の皆は一列に並んで２人と歌問答を始めます。

②「行きはよいよい」で、手をつないで一列に並んで、門をくぐります。

③ 全員がくぐり抜けたら、今度は手を離して１人ずつ門をくぐってかえります。その時、門の２人は両手の輪の中に捕まえます。

④ 捕まった人は「地獄極楽 えん魔さまにおこられた」と言い、門の２人がその人を両腕の中でゆさぶり、腕の外へ放り出します。

⑤ 捕まった人の中から、次の門になる２人をジャンケンで選びます。

Point

・門役の手がくぐり抜ける人の顔面を打たないように注意する。

別バージョン

① 門になる二人は向かい合って、頭上で片手をにぎりアーチを作ります。

② 他の皆は手をつないで一列に並んで、門の二人と歌問答をしながら門をくぐり抜けます。

③ 全員がくぐり抜け、歌が終わったら今度は手を離し、一人ずつ門をくぐって帰ります。門の２人は、通りぬける人に背中を片手でたたきます。

④ たたかれた人は「地獄極楽 えん魔様におこられた」と言い、門の２人の両腕の中で揺さぶられてから外へ放り出されます。

⑤ たたかれた人の中から、次の門になる２人をジャンケンで選びます。

歌詞

通りゃんせ　通りゃんせ　ここはどこの細道じゃ　天神様の細道じゃ
ちょっと通してくだしゃんせ　ご用のない者通しゃせぬ
この子の七つのお祝いに　お礼を納めにまいります
いきはよいよい帰りはこわい　こわいながらも通りゃんせ

56　もぐらどん

概要　かごめかごめの変形の遊び

人数　６～10 人程度

対象　３歳～

遊びかた

① モグラ役を１人決めます。モグラは中央に両手で目かくしをしてうずくまります。皆はモグラの周りに手をつないで輪になります。

②「もぐらどんのおやどかね」で円になって歩きます。「つちごろりまいった」でモグラに向かって進み「ほい！」で止まります。

③ みんなで「もぐらさん もぐらさん 起きてくださーい」と声をかけ、モグラ役は「ハーイ」と返事をして、自分の真後ろの人を当てます。

④ 当てられた人が次のモグラになって①～③をくりかえします。当たらない場合には、モグラは交代しません。

歌詞

もぐらどんのお宿かね
土ごろりまいった　ほい！

57　ひらいた ひらいた

人数　5、6人～

対象　3歳～

遊びかた

① みんなで手をつないで輪を作ります。「ひらいたひらいた……ひらいたと思ったら」まで輪を大きくして左まわりで歩きます。

②「いつの間にかつぼんだ」のところで一斉に小さな輪になります。

③「つぼんだつぼんだ……つぼんだと思ったら」のところで小さな輪のまま左まわりで歩きます。

④「いつの間にかひらいた」で一斉に大きな輪になります。

手をつないで「ひらいた ひらいた」で
輪を大きくして左方に回り歩く

「いつの間にかつぼんだ」で一斉に
小さな輪になる.

Point

・「れんげ」の代わりに「すみれ」にしてもよい

歌詞

ひらいた ひらいた なんの花が ひらいた　れんげの花が ひらいた
ひらいたと 思ったら いつのまにか つぼんだ
つぼんだ つぼんだ なんの花が つぼんだ れんげの花が つぼんだ
つぼんだと 思ったら いつのまにか ひらいた

58　魚がはねた（現代風）

人数　10人～

対象　３歳～

遊びかた

さかながはねた

ピュー

あたまにとまったぼうし

おててにとまったてぶくろ

おくちにとまったマスク

歌詞

さかながはねた　ピュー
あたまにとまった　ぼうし
おててにとまった　てぶくろ
おくちにとまった　マスク

さ か な が　はね た ピュー　あたまにとまっ　たぼうし

59　しょうゆくださいな

人数　大人１人、子ども１人（数組）

対象　０～２歳

遊びかた

① 大人は子どもに「しょうゆ屋さんするよー」と声をかけ抱きあげます。

②「しょうゆ、しょうゆ…」と歌いながら子どもを左右に揺らします。

③「ドドドドー」で子どもの両脚を持って揺らします。

①　②しょうゆ、しょうゆ　③ドドドドー

Point

・子どもの年齢に応じてゆさぶり方を変えてみるのもよい。あまり強くするとこわがる子もいるので、「しょうゆ、しょうゆ」の部分では楽しんでいるか確かめるように間をとるようにする。

歌詞

しょうゆ　しょうゆ　しょうゆをいっぽん　くださいな
しょうゆ　しょうゆ　はい　どうぞ　ドドドドー

60　赤い鳥 小鳥

人数　大人２人、子ども１人（数組）

対象　０～２歳

遊びかた

① 大人２人が並び、一方の大人が子どもを抱きます。「赤い鳥 小鳥…」と歌いながら、子どもを揺らします。

②「とんでいけ」でもう一人の大人に子どもを手渡します。

①赤い鳥 小鳥、あの山めざして

②とんでいけ

歌詞

赤い鳥 小鳥、あの山めざして
とんでいけ

あかいとり ことり あのやまめざして とんでいけ

61　おすわりやっしゃ

人数　大人１人、子ども１人（数組）

対象　０～２歳

遊びかた

① 大人が両足をそろえて伸ばし座り、その脚の上に子どもを座らせます。大人は歌いながら足を動かし、子どもをゆらします。

②「ドシーン」で両足を広げて、子どもを足から落とします（または、足の横に移動させたり、寝そべらせたりします）。

①おすわりやっしゃ　イスどっせ

②ドシーン

歌詞

おすわりやっしゃ イスどっせ　このイスこわれた イスどっせ
あんまり乗ったら こけまっせ　ドシーン

62　馬はとしとし

人数　大人１人、子ども１人（数組）

対象　０～２歳

遊びかた

① 大人が寝ころび足を上にあげ、その足の裏に子どもをのせ、子どもの手を持って支えます。「馬はとしとし…」と歌いながら子どもを少し揺らします。

②「乗り手さんも強い」で子どもを水平にまわして向きを変えます。（「乗り手さん」を「○○ちゃん」に変えてもよい）

③「エイヤー」で子どもの体を立たせます。

①馬はとしとし　②乗り手さんも強い　③エイヤー

歌詞

馬はとしとし 鳴いても強い　馬は強いから　乗り手さんも強い

う ま は と し と し な い て も つ よ い う ま が つよいな ら
○ ○ ちゃんも
のりて さんも
つ よ い エイヤー

63　いちわのからす

人数　大人１人、子ども１人（数組）

対象　０～２歳

遊びかた

① 大人が歌いながら子どもに動作をしてみせます。

１わのカラスが　　カァカァ

２わのにわとり　コケコッコー

３は　　魚がおよいでる

４は　　しらがのおじいさん

５はごろごろ雷さん　　それ！

Point

・「雷さんがおへそをとりにきたー！」と追いかけっこしても面白い。

歌詞

１わのカラスが カァカァ　２わのにわとり コケコッコー　３は魚がおよいでる
４はしらがのおじいさん　５はごろごろ雷さん　それ！

64　アジのひらき（現代風）

人数　大人１人、子ども１人（数組）

対象　０～２歳

遊びかた

①「ズンズンチャチャ…」で左右の腕を揺らしながら前後に動かし、「ホイ」で両腕を前に伸ばします。

②「アジのひらきが」で両手２回たたいてから左右に開きます。

③「しおふいて」で逆に開いた腕を戻して斜めに上に塩ふくように上げます。「ピュ」で両腕を伸ばして片足ケンケンになります。

歌詞

ズンズンチャチャ　ズンズンチャチャ　ズンズンチャチャ　ホイ
ズンズンチャチャ　ズンズンチャチャ　ズンズンチャチャ　ホイ
アジのひらきが　しおふいて　ピュ

65　あたま かた ひざ ぽん（現代風）

人数　大人１人、子ども１人（数組）

対象　０～２歳

遊びかた

① はじめは、大人がやってみせる（または、大人が子どもの手を持って、歌いながらさわっていくのでもよい）。

② 向い合って、「頭はどこだっけ！」と問いながらすすめていきます。

あたま
かた
ひざ
ポン
め
みみ
はな
くち

Point

・テンポの緩急をつけると面白い。
・最後の「目、耳、鼻、口」は別の部位にかえてみても面白い。

歌詞

あたま・かた・ひざ・ポン
ひざポン　ひざポン
あたま・かた・ひざ・ポン
め・みみ・はな・くち

あ た ま か た ひ ざ ぽん ひ ざ ぽん ひ ざ ぽん
あ た ま か た ひ ざ ぽん め み み は な く ち

66　だっこして（現代風）

人数　大人１人、子ども１人（数組）

対象　０～２歳

遊びかた

① **大人が子どもを向かい合わせに抱きます。「だっこして　だっこして　○○ちゃんのこと　だっこして」と揺らしながら歌い、「ギュー」で力を入れて胸に包み込むようにハグします。**

Point

・**3歳以下の子は大人が抱き上げて行う。3歳以上の子は、ジャンプして大人に抱きつくようにするとよい。**

歌詞

だっこして　だっこして　○○ちゃんのこと　だっこして　ギュー

だっこして　だっこして　○○ちゃんのこと　だっこして ギュ～

67　かかし（ケンケン石けり）

概要　片足（ケンケン）で石を蹴りながら進んで戻り、リレー形式で競う

人数　８～10人（各チーム４～５人）

対象　小学校低学年～

準備　平らな石（直径５センチ程度）×２個。地面に図のような形を描き、順番の印（1、2、3、…、やすみの文字など）を書き入れる。

遊びかた

① 2チームに分かれ、各チームでリレーの順番を決めます。

② 初めに1に石を投げ入れます。片足で1から進み石を2、3、4、5に順番に蹴りいれます（石が目的の場所に入らなかった時は、片足のままで入るまで蹴り続ける）。続いて5、4…1と戻ってきて、石がラインを超したらゴール。「やすみ」のところでは両足をついて休んでもよいが、「やすみ」以外で両足をついたら最初からやりなおしとなります。

③ 前の人がゴールしたら順次同じ要領でリレーしていきます。先に全員がゴールしたほうが勝ち。

Point

・時間をはかって個人間で競争してもよい。

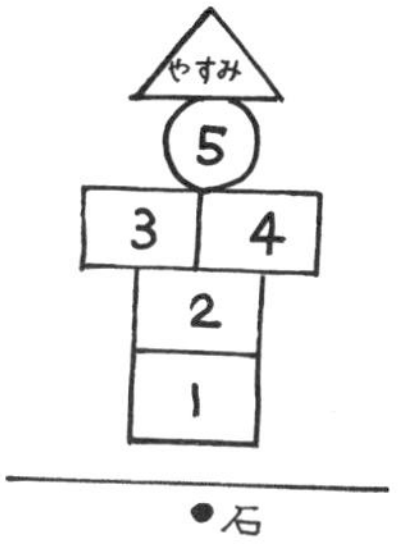

68　ケンパー

概要　石を順番に投げ入れ、石の入った円を踏まずに往復する

人数　10人程度

対象　小学校低学年～

準備　地面に１つの輪、２つの輪などを続けて描く（図参照）

遊びかた

① 円に石を投げ入れます（石は1…10の順番に入れます）。

② 円が1つのところは片足で、2つのところは両足で踏みます。石が入った輪はとび越して、「9、10」（一番遠い円）まで行ってもどってきます。戻る途中で、石を拾ってきます。

③ 戻ってきたら次の番号に石を投げ入れます。

④ 石が狙った円に入らなかったり、石が取れなかったり、往復の間に輪から足が出てしまった場合は次の人に交代します。

⑤ 10まで早く行った人が勝ちです。

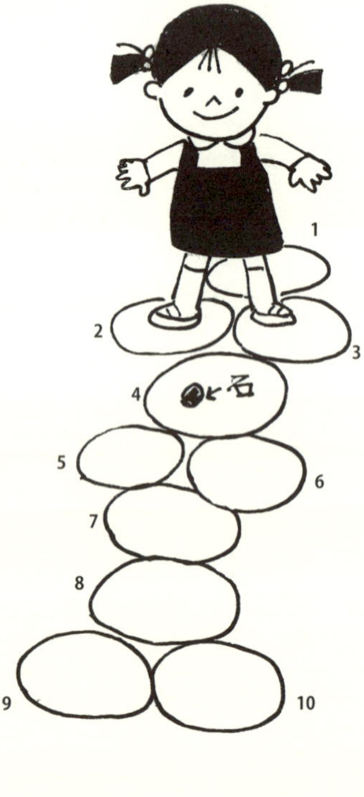

Point

・石の投げ方、円のとび越し方を事前に練習させておくとよい。

69　三角ベース

概要　１塁、２塁、本塁の三角形でする野球

人数　８人～

対象　小学校低学年～

準備　ベース３枚、ボール（ソフトテニスボールがよい）、バット（板や棒でもよい。また、素手で打つのでもよい）

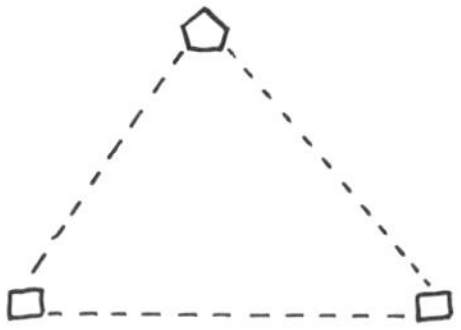

遊びかた

① 基本ルールはソフトボールと同じです。2チームの攻守を決めます。守備のピッチャーがボールを投げます。攻撃のバッターはボールを打ったら、ベースを順番にふんでいきます。ホームにもどると点数が入ります。

② 功側の全員が打ち終わったら、攻守交代。複数回（回数は決めておく）を行い、最終得点の高い方が勝ち。

Point

- 1ストライク2ボール方式（3ボールで出塁権）にする、走者にボールを当てた場合にもアウトとなる。
- ベースの代わりに立ち木を使ってもよい。

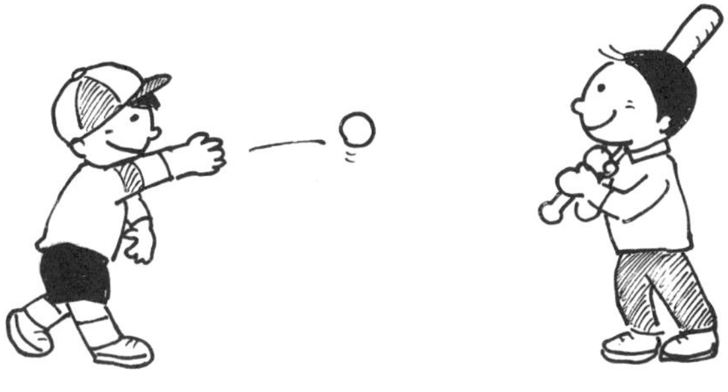

70　みんなでゴー

概要　目的地にタッチして戻ってくる速さを競う

人数　10人程度

対象　小学校低学年～

準備　小石×人数分。校庭に直径3メートル程度の円を描き、その中を区切って行き先を書く。円から3～5メートル離れたところに投球ラインを引く。

遊びかた

① 投球ラインから、一人ひとり石を投げ入れます。石の入ったところがその人の行き先となり、そのつど行き先をみんなで大声で言います（石は他の人と同じところに入ってもよい）。

② 全員の行き先が決まったら円内に入って待機します。

③「ヨーイ、ドン」でみんな一斉に目的地に走り出し、目的のものにタッチしてから投球ラインに戻ります。

④ 先生が到着順に順位をつけます。

Point

・走り出した時にぶつからないように、③の配置の時に子どもたちがそれぞれ自分の目的地に向くようにする。

71　みんなで「あやとり」

概要　1つのあやとりを複数人でする

人数　10人～

対象　小学校低学年～

準備　ゴムひも

遊びかた

① 1人でするあやとりの指の動きを1人1人が担当。それぞれ親指、人さし指、中指、薬指、小指役になります。

② 既にしたことのある「あやとり」を、皆で相談しながら作ります。

72　フルーツバスケット

概要　フルーツの絵をもっておこなうイス取りゲーム

人数　10人～

対象　小学校低学年～

準備　イス（人数より1脚少ない数）、果物の絵（全員にセットで渡す）

遊びかた

① フルーツの絵（3種類、いちご、メロン、バナナなど）をセットにして全員に配布します。みんなはその中から一種類を選んでその絵を持ちます。イスで円をつくり、座ります。

② リーダーを1人決めます。リーダーは3種類の中から1枚を選び、絵をみんなに見えないように持ち、円の中心に立ちます。

③ リーダーは自分のフルーツの名前を言いながら、絵をみんなに見せます。

④ 自分のフルーツがリーダーのフルーツと違うものだった人は、今座っているイスと違うイスに座ります。リーダーも素早く空いているイスに座ります。

⑤ 座れなかった人が次のリーダーになります。

73　雪合戦

人数　20 人～

対象　小学校低学年～

準備　積雪 30 センチ程度が必要。雪玉の代わりに、玉入れの玉を使ってもよい。

遊びかた

① チーム分けをします（男女の割合や、能力の差が均等になるように配慮する）。

② チーム毎に作戦会議をします。

③ それぞれの陣地づくり、雪玉づくりをします。

④ 雪玉を人めがけて投げます。雪玉が身体に当たった人は倒されたことになります。顔面にあたった場合はセーフとします。

⑤ 防壁に隠れながら敵を全滅させたチームの勝ちです。

Point

・王様を１人決め、王様を倒したら勝ちとするのも面白い。

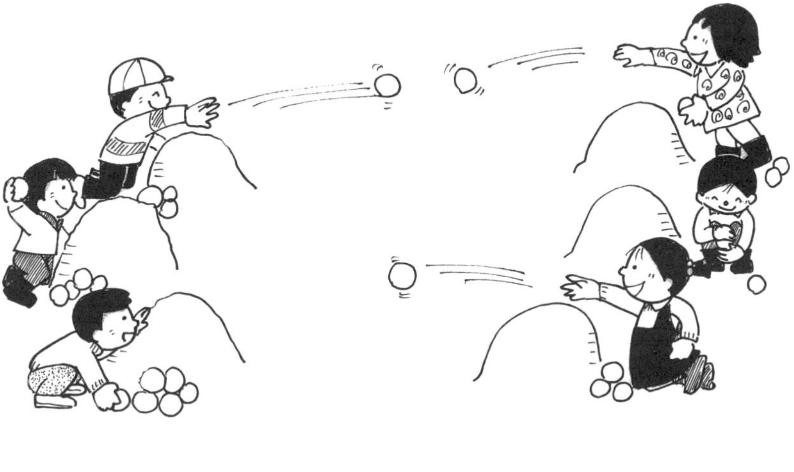

74　ゴム・ダンス「ステッぴょん」（現代風）

概要　規定のステップを踏み、時間内で何人クリアできるかを競う

人数　10人〜

対象　小学校低学年〜

準備　長いゴムひも

遊びかた

① 2つのチームに分かれます。一方のチームが跳び、一方のチームがゴムを足にかけて張ります。跳ぶチームの人は、1人ずつゴムに入っていき、規定のステップを踏んでいる間に、次々に人が加わっていきます。誰かが失敗したら終了です。

② 制限時間を決めておき、時間内に何人成功したか（規定のステップを踏み終えたか）を競います。

75　王様ドッジ

概要　王様のいるドッジボール

人数　10人～

対象　小学校中学年～

準備　ドッジボール

遊びかた

① 各チームで王様を1人決め、相手にばれないように審判に伝えます。

② 基本的なルールはドッジボールと同じですが、王様にボールが当たってしまった場合は、内野に他のメンバーがいても負けになってしまいます。

Point

・王様が誰であるかを見破られないように工夫しましょう。
・王様にボールを当てたら終了とするのではなく、時間制にしてもよい。その場合は、王様100点、家来50点などの点数を決めておき、合計点を競う。

おうさまがアウトになったら
チームのまけ

76　紙テープ遊び

概要　紙テープを身体に巻いて駆けっこをする

人数　10人～

対象　５歳～

準備　紙テープ、セロテープ

遊びかた

① 80センチの長さに切った紙テープを結んで輪をつくります。輪を両足の膝まで通して、下に落ちないようにします。

② 2人一組でする場合は、紙テープを体に巻きつけてセロテープで止め、さらに、2人の間を約1メートルの紙テープでつなぐようにします。

③ 駆けっこをします。切れた場合は切れたところを結んで、もう一度競争します。

77　板あて

概要　的板に自分の板を当てる遊び

人数　12人〜

対象　5歳〜

準備　横8〜10cm×縦10〜15cm×厚さ1〜2.5cmの板（かまぼこ板を2つに切ってもよい）を1人2枚。地面にスタートラインと的ラインを引き、1枚の板を的ラインに置く。

遊びかた

① 的板に自分の板を当てる方法の順番を決めます。例えば（1）片手投げで当てる、(2) 片足でけりながら進み当てる、(3) 両膝にはさんで進み当てる、(4) 足の甲に載せて進み当てる（下図）など。

② 一緒にゲームをする人は、スタートラインに並び、自分の板を決めておいたやり方順で的板に当てます。

③ 決めておいた最後の方法で成功するとクリアーです。

Point

・身体にはさむ（足首、ひざ、股、左右脇）、乗せる（足の甲、左右肩、額、頭上）などの多くのバリエーションが可能。

78　鳥ゴムとび

概要　いろいろな形にしたゴムに触れずに通り抜ける

人数　８人～（２チームに分かれる）

対象　５歳～

準備　ゴムとび用ゴム（５メートル程度、輪にする）

遊びかた

① ゴムを持つチームと、クリアするチームに分かれます。

② ゴムをクリアするチームはゴムに背を向けて立ちます（ゴムを見ないように）。

③ ゴムを持つチームは「いろはにこんぺいとう、えいやっ！」と言いながらゴムを変形させます。

④ クリアチームは変形されたゴムの形を予測し、「鳥（上をとび越す）」「人（ゴムで囲まれた所を通る）」「亀（はってくぐる）」のいずれかを宣言してから前を向きます。

⑤ 選んだクリア法で通りぬけます。ゴムに触れたらアウトとなり、攻守を交代します。

Point

・ それぞれのクリア法について、事前に練習させておくとよい。
・ ゴムの形の作り方も工夫させるとよい。

79　ハイハイベースボール

概要　四つんばい（ハイハイ）で行う野球

人数　８人～（各チーム４人～）

対象　５歳～

準備　座布団×４（ベース用）、ボール

遊びかた

① 基本ルールはソフトボールと同じですが、全員四つんばいでしか進めない点が違います。バッターは正座してボールを打ちます。

② 2チームの攻守を決めます。守備のピッチャーがボールを投げます（転がしてもよい）。功側のバッターはボールを打ったら、座ぶとんベースを四つんばいで踏んでいきます。ホームにもどると点数が入ります。

③ 功側の全員が打ち終わったら、攻守交代。複数回（回数は決めておく）を同様に行い、最終得点の高い方が勝ち。

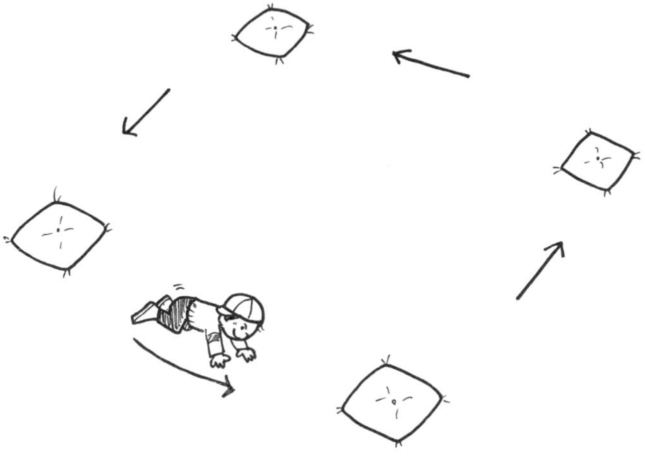

80　ハンカチ落とし

概要　鬼がハンカチを落として席とり競争をする

人数　10人〜

対象　5歳〜

準備　ハンカチ1枚

遊びかた

① 鬼を1人決めます。みんなは輪になって内側を向いて座ります。

② 鬼はハンカチを持って輪の外側をまわりながら、誰かの後ろにそっとハンカチを落とします（ハンカチを落とされたと思った人は後ろを向いてよいが、鬼が通り過ぎるまでは振り向けない）。鬼は落としてから急いで1周します。

③ ハンカチを落とされたことに気づいた人は、そのハンカチを拾い、鬼を追いかけてタッチします。

④ 鬼が空いた席に座ることができれば、ハンカチを持った人が鬼となります。座る前にタッチされた場合は、もう一度鬼になります。

⑤ ハンカチを落とされた人が気づかない場合、鬼は円を一周した後でその人の名前を呼びます。呼ばれた人が鬼になります。

81　マリとり競争

概要　先生に言われた色と数のボール（マリ）を取る遊び

人数　10 人程度

対象　5 歳〜

準備　色のついたボール 20 個

遊びかた

① 大きな円を描き、中央にボールを 20 個置きます。みんなは円の外側に並びます。

② 先生の合図（「赤いボール 1 個！」など）でボールを拾います。

Point

・グループ対抗にしても面白い。
・みんなが慣れて来たら、「赤いボール 1 個！」から「何色でもいいから 6 個」とするなど難しい課題にしていくとよい。また、「あ、あ、あ、青」と言うなど、飽きないように工夫しましょう。

82　ヘビさんとび

概要　縄にさわらないようにとぶ遊び

人数　８人～

対象　５歳～

準備　長縄

遊びかた

① 縄の両端を二人でもち、縄が地面につくように低い姿勢をとります。縄を横に動かします。

② みんなは縄にさわらないように飛び越えます。縄にさわったら、縄をもっている人と交代します。

Point

・縄を上下にジグザグ（地面につける）に動かしても面白い。その場合は、縄が下りた時をねらって飛び越える。

83　人間すごろく（現代風）

概要　人間をコマにしたすごろく

人数　８人～

対象　５歳～

準備　さいころ。地面にすごろくのマスを作る。

遊びかた

① みんなは順番にさいころを振って出た目の数だけ、マスの上を進んでいきます（コマは自分自身です）。

② 同じマスに止まった子は、止まった順番に手をつなぎます。そして、先に止まった子どもは、後から来た子どもがそのマスから出るまで休みになります。

③ 早くゴールについた人から勝ち抜けします。

Point

・サイコロの「6」の目を「ハズレ（1回休み）」にしてもよい。

84　石けり

概要　円の中を片足（ケンケン）で石をけりながら進んでいく遊び

人数　10人～

対象　4歳～

準備　地面に円を８個描く（図参照）

遊びかた

① １の円の中に石を投げ込み、片足で１の円に入り、石を２の円にけりこみます（2の円までは片足のまま）。

② 以下は両足で３～８までけって進み、行き着いたら８～１まで戻ってきます。線からけり出すとゴール。

③ 無事にクリアできたら、次に２の円に石を投げ込み、（3の円までは片足で）同様にけりながら往復します。以下３の円、４の円…8の円まで行い、最初にゴールできた人が勝ち。（投げ込みに失敗したり、両足を付いた場合は次の人に交代します。）

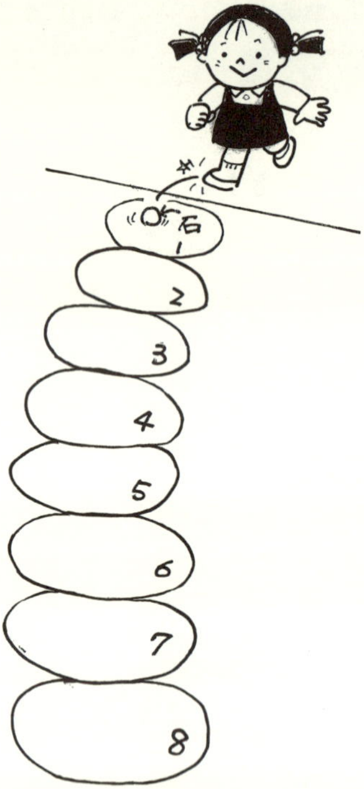

85　イス取りゲーム

人数　10人～

対象　4歳～

準備　イス（人数より1脚少ない数）

遊びかた

① イスを円形に並べて、そのまわりに一列に並びます。

② 歌に合わせて、イスを囲んでまわります。

③ 笛が鳴ったら近くにあるイスにすわります。

④ イスに座れなかった人は、次の回をする前にイスを1つ持って輪の外に出ます。

⑤ イスに座れた人だけで遊びを続けます。イスが1つになるまで続けて、最後のイスに座れた人が勝ちとなります。

Point

・イスのかわりに縄の輪を使ってもよい。

86　ゴムとび

概要　いろいろな高さのゴムひもをとび越える

人数　５人〜

対象　３歳〜

準備　ゴムひも

遊びかた

① １段から始め、クリアする毎に段々と高くしていきます。２回失敗したら、次の人に交代します。とび方には、次の２種類があります。

（1）高とび（はさみとび）：ゴムひもをまたいでとぶ。

（2）足かけとび：片足を高く上げてゴムひもをひっかけて低くなったゴムをとびこす。

1段：地面
2段：すね
3段：ひざ
4段：腰
5段：胸
6段：肩
7段：頭
8段：手を伸ばす

87 ダンボールすべり

概要 ダンボールの上に乗り、坂をすべり降りる遊び

人数 10人～

対象 3歳～

遊びかた

① 草のある土手でダンボールをお尻の下に敷き、端を持ってバランスをとりながらすべります。

Point

・何人かで一緒に乗ってすべるのも面白い。

88　ジャンプジャンケン

概要　リーダーとジャンケンをしながらのリレー競争

人数　６～８人（各チーム３～４人）

対象　小学校低学年～

遊びかた

① リーダーを１人決めます。人数に合わせて複数のチームを作ります。リレー形式で第１走者は最初、両足飛びで進みます。

② ポイントに着いた走者はリーダーとジャンケンをします。勝てば両足跳びから、片足跳びに変化します。

③ 第１走者はジャンケン後の形態で進み、次の走者にバトンタッチします。次の走者は前の人の形態を受け継ぎます。

④ 次々とポイントでジャンケンして、リレーを進めます。（たとえば、片足跳びの走者がジャンケンに負けると、そのチームは再び両足跳びで進むことになります。ジャンケンに勝った場合には、普通の「走り」になります。）最初にゴールしたチームから順に１位となります。

Point

・ジャンケンによって速度が影響されるゲームですので、年齢が離れていてもできる遊びです。

89　どんま

概要　馬と乗り手に分かれてする、ジャンケン遊び

人数　６～８人（各チーム３～４人）

対象　小学校低学年～

遊びかた

① 馬チーム、乗るチームに分かれます。

② 馬チームは１人が立ち、残りの人は前の人の股に頭を入れて、手で脚につかまり長い馬を作ります（図参照）。

③ 乗るチームの人は順に馬にとび乗っていきます。途中で馬がつぶれたら、再度②からやり直します。

④ 全員が乗っても馬がつぶれなかったら、乗るチームの先頭の人と馬チームの立っている人とがジャンケンをします。負けたほうが次の馬チームになります。

Point

・馬は上下左右に体をゆすり、乗り手を振り落としてもよいことにしても面白い。乗り手が振り落とされたら馬チームと乗るチームを交代する。
・馬組、乗り組ともに順番を工夫する。

90　パパイヤジャンケン

概要　ジャンケンで勝った手に応じて進む双六遊び

人数　10人程度

対象　小学校低学年～

遊びかた

① スタートラインに並び、皆でじゃんけんをします。勝った人は、その時出した手に合わせて決められた歩数だけ進む。

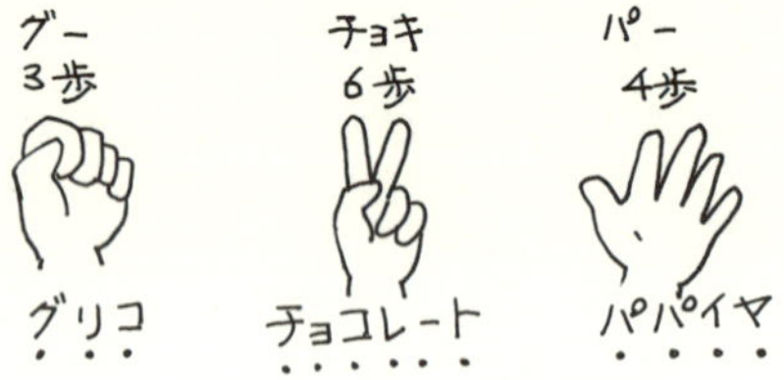
グー
3歩
チョキ
6歩
パー
4歩
グリコ
チョコレート
パパイヤ

② 進み終えたら再びジャンケンをし、再度、勝った人が決められた歩数を進む。ゴールに達するまでくりかえし、早くゴールした人から勝ち抜け。

スタート
じゃんけん
ぽん
リーダー
チョコレート
ゴール
グランドに
等間隔に
線を書く

91　陣取りドリブル（現代風）

概要　線の間をドリブルして進み、ジャンケンで勝負する

人数　10人〜

対象　小学校低学年〜

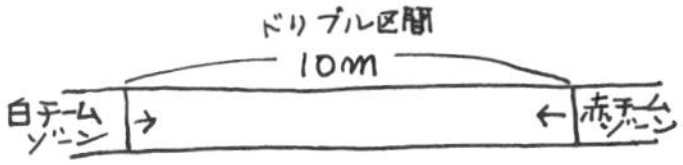

準備　ボール。地面に線を２本引く（上図参照）

遊びかた

① 2つのチームに分かれます。10メートルほど離れて両チームが対面します。「よーい、ドン！」で、両チームの最初の選手が線の間をドリブルしながら進みます。ボールが線の間からはみ出したら、スタートラインに戻ります。

② 相手チームの人と出会ったら、ボールを持ってジャンケンします。勝ったら進み、負けたら自分のチームの後ろに戻ります。先に相手のエリアに入ったチームが勝ちとなります。

92　SOS！（現代風）

概要　ジャンケンでチームの全員が勝利するまでの早さを競う

人数　10人～

対象　小学校低学年～

準備　地面に20メートルはなして線を二本引く

遊びかた

① 各グループから1人ずつじゃんけん役を決めます。じゃんけん役は、20メートルほど先の所定の場所で待ちます。残りのメンバーで順番を決め、列を作ります。

② スタートの合図で、1人ずつ順番にじゃんけん役の人のところへ走って行き、じゃんけんをします。

勝った場合：じゃんけん役の後ろ（安全地帯）につき、次の人がスタート。

負けた場合：グループの仲間に向かって「SOS！ 助けて！」と叫びます。グループのメンバーは手をつなぎ、輪をつくって救助に向かいます。じゃんけんに負けた人を輪の中に入れ、自分の陣地まで戻り、救出されたメンバーは再度列に加わります。

③ 先に全員が安全地帯に入ったチームが勝ちになります。

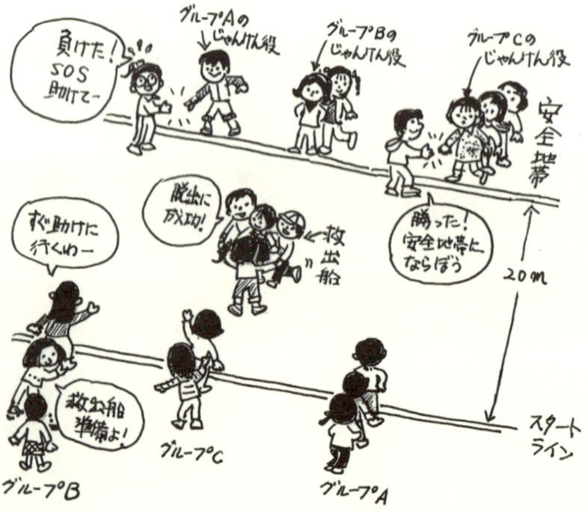

93　クルクルジャンケン

概要　渦の中で出会ったところでジャンケンをし、陣取りをする

人数　10人～

対象　５歳～

準備　大きなうずまきを描く（図参照）

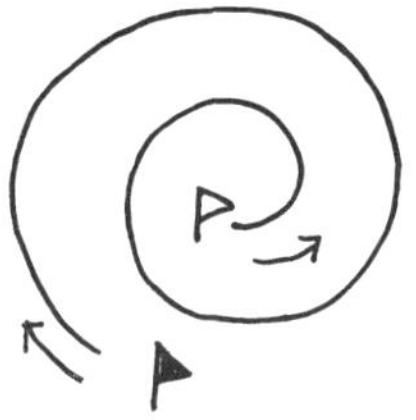

遊びかた

① 2つのチームに分かれます。それぞれ、渦巻きの入り口と中心の陣地に並びます。

② 「ヨーイドン」で、入り口チーム・中心チームの１人ずつが渦巻きの線にそって走ります。

③ うずまき上で2人が出会ったところで「ドン」と言って両手でタッチしあった後でジャンケンをします。

④ 勝った方は、そのまま進み、負けた方は、自分の陣地に戻り列の後ろにつきます。

⑤ ③④をくりかえして、相手の陣地に先に入った方が勝ち。

94　関所やぶり

概要　ジャンケンに勝つまで次の走者に代われないリレー

人数　10人～

対象　5歳～

遊びかた

① 各チームたて1列に並びます。各チームで関守を1人選び、関守は別のチームの前に向かい合って立ちます。

② リーダーの「はじめ」の合図で各チームの先頭の人は自分のチームの向かい合っている関守のところへ行ってジャンケンをします。ジャンケンに勝ったら関守をまわってチームに戻り、次の人にバトンタッチします。負けた時はジャンケンに勝つまで続けます。

③ 全員がジャンケンに勝ったチームから順番に1位となります。

Point

・ジャンケンを足でやるのも面白い。

95　足開きジャンケン

概要　ジャンケンに負けるごとに足をだんだん開いていき、どちらが倒れずに残れるかを競う

人数　10人～

対象　３歳～

遊びかた

① ジャンケンをし、負けた人は、図のように少しずつ足を開いていきます。足がそれ以上に開かなくなったり、倒れると負け。

Point

・立っていられなくなったら座っていく。

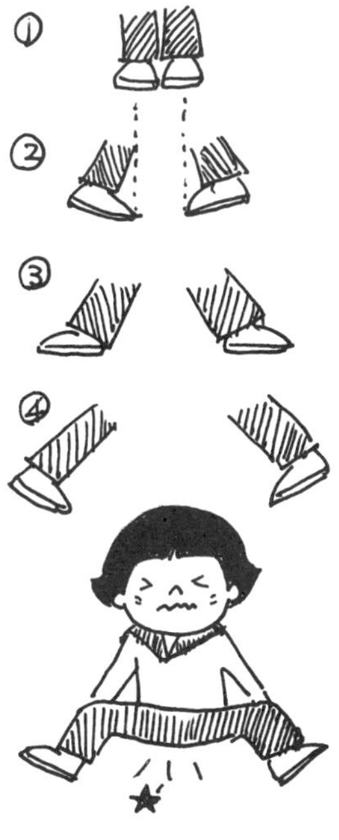

96　ジャンケントンネルくぐり

概要　ジャンケンをして、負けた人は勝った人の股下をくぐる

人数　10人～

対象　3歳～

遊びかた

① ペアを作ってジャンケンをします。

② 勝った人は両脚を大きく開き、負けた人は相手の股下（トンネル）をくぐります。1回戦で負けたら1回くぐり、2回戦で負けたら2回くぐるというように、くぐる回数を増やしていきます。

③ 5回ジャンケンをして、くぐった回数の少ない人が勝ち。

Point

・勝った人が四つんばいになり、負けた人はその下をくぐるようにしてもよい。

97　進化ジャンケン

概要　ジャンケンに勝つごとに進化していき、人間になるのを目指す

人数　８人～

対象　３歳～

遊びかた

① 全員がカエルからスタートします。「ゲロゲロ」と鳴き真似をしながら相手をさがし、ジャンケンをします（ジャンケンは同じ動物でのみできます）。勝った人はイヌになり、負けた人はカエルのままで次の相手を探します。進化の順番は、カエル→イヌ→ヒト。

② 同じ動物の人を見つけてジャンケンをしていき「人間」になった人から勝ち抜け。終了時間を決めておき、最後まで「人間」になれなかった人に、今の気持ちを述べてもらいます。

Point

・カエル、イヌ以外の動物になるのもよい。
・人間になるまでの過程を増やしても面白い。（例：サルやゴリラなど）

98　背負いジャンケン

概要　ジャンケンをして負けたら相手を背負う遊び

人数　８人～

対象　３歳～

遊びかた

① 一人の相手を見つけてジャンケンをします。

② 負けた人は勝った人を背負います。

③ 次に、２人組（背負う人と背負われている人）の相手を見つけて、背負われている人同士でジャンケンをします。

④ 負けた組の人は勝った組の人を背負います。

⑤ ③④をくりかえします。

Point

・背負っている人どうしでジャンケンをするのでもよい。

①

じゃんけん
ぽん

②

やった ー

③

やった！

99 パフォーマンスジャンケン

概要 全身をつかってジャンケンをする

人数 ８人〜

対象 ３歳〜

遊びかた

① ２人が対面して立ち、一緒に「ジャンケン ポン」と声をかけながら全身を使ってジャンケンをします（「最初はグー」から入るのでもよい）。

② 続けてジャンケンをして、３回勝った人から順に勝ち抜け。

Point

・グループに分かれて、順番に勝負するのもよい。

グー：腰を曲げてかがむ
チョキ：両手を斜め前方と斜め後方に出す
パー：両手を水平にする

パー！
じゃんけんぽん
グー

100　ブーブージャンケン

概要　動物になって口でジャンケンをして、相手の手の甲を押す

人数　８人〜

対象　３歳〜

遊びかた

① 四つんばいになって相手と対面します。

②「ジャンケン、○○」と言って、○○部分を口でジャンケンをします。

グー：口を尖らせる
チョキ：口を横に閉じる
パー：口を開ける

③ 勝った人は「ブーブー」と言って、左手で相手の右手の甲を押さえつけようとし、負けた人は右手を素早く動かし逃げようとします。その時に押さえられたら負け。

じゃんけん
ちょき
パー
ブーブー
ブーブー

Point

- 押さえる手を変えるのもよい。
- 勝った人が押さえる手を自由に選ぶのもよい。

101　蛇の皮抜け

概要　股の下から手をつなぎ、先頭の人の股下をくぐる遊び

人数　10人～

対象　小学校中学年～

遊びかた

① 縦1列に並びます。先頭の人が自分の股の下から左手または右手を後ろに差し出します。すぐ後ろの人は差し出された手と握手して、空いた手を自分の股の下から後ろの人へ差し出します。そして先頭から最後尾までつながります。

② 二番目の人から順に先頭の人の股下をくぐっていきます。

Point

・チーム対抗戦にしても面白い。

102　馬とび

人数　８人～

対象　小学校低学年～

遊びかた

① 前傾姿勢になり、ひざに手を当てて馬になります。馬は２メートル程度の間隔をあけて一列に並びます。

② 一方の端の人からとび箱の要領で次々ととんでいき、最後までとび終わったら馬になります。

Point

・馬は四つんばいでもよい。また、縦馬・横馬などの変化をつけてもよい。
・間隔は能力に応じて変える。
・円形やジグザグなど、馬の並び方に変化をつけるのも面白い。

103　震源地は誰だ！

概要　リーダーの動作にあわせてみんなが動き、鬼はリーダーを当てる

人数　８人～

対象　小学校低学年～

遊びかた

① 鬼を１人決めます。みんなは円を作って座り、鬼は円の外にいます。

② みんなは鬼に知られないようにリーダーを１人決めます。

③ リーダーは手をたたいたり、ひざをたたいたりなどの動作をします（リーダーは自分で判断して動作を変えていく）。他の人達はリーダーのまねをします。

④ 鬼は動作が始まった頃に円の中に入り、その動作のリーダー（震源地）を当てます。

⑤ 当てられた場合、リーダーは次の鬼になります。鬼が３回はずれると、鬼はもう一度鬼役になります。

Point

・先生が「チェンジ！」の声をかけると、リーダーは次の動作に移らなければならないと決めておいてもよい。（鬼がなかなかリーダーを当てられない場合に有効）

・体育館や外など広い場所で行う場合は、ダイナミックな動作も取り入れるとより盛り上がります。（例：走りまわる・ジャンプなど）

104　ヒューマンチェア（現代風）

概要　一重円になって全員が一斉に隣の人の膝上に腰をかける

人数　30人～

対象　小学校低学年～

遊びかた

① 全員で一重円をつくり、同じ方向を向きます。（後で小さなイスになって座ることを考えてなるべく小さな円になります。）

② 前の人の肩につかまりながら「せーの」と声をかけ、「よいしょ！」で一斉にうしろの人の膝の上に腰を下ろします。

③ うまく出来たらそのままみんなで両手を上げて「バンザイ」をします。

Point

・ うしろの人を信頼し、身体を預けるようにして腰を下ろすことが大事です。
・ 全員の心が1つにならないと成功しません。無理な姿勢をしたりしないよう気を配りましょう。

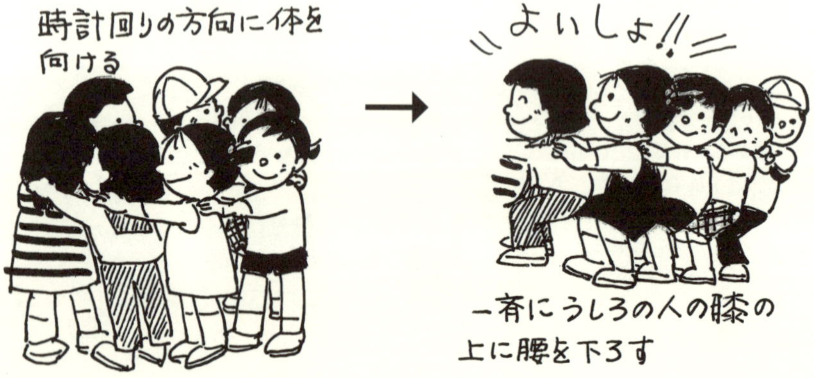

105　ラブラブ見つけよう（現代風）

概要　イスを使わないフルーツバスケット

人数　10人～

対象　小学校低学年～

遊びかた

① 鬼を1人決めます。みんなは円になり、隣の人とペアを組みます。(ペアになる相手がいない人は控え鬼になって鬼の横に立ちます。全員がペアになれた場合には控え鬼はもうけません。)

② 鬼は円の真ん中に立ち、お題を言います。(例：半袖の人、朝ご飯を食べた人、お兄ちゃんがいる人、誕生日が10月の人、など)

③ ペアのうちどちらか、又は両方がそのお題に当てはまったら、そのペアの相手と離れて別の人とペアを作ります。この時鬼もペアになれる人をさがします。

④ 控え鬼が次の鬼になります。ペアになれなかった人が控え鬼になります。

Point

・鬼が「人間バスケット」と言ったら全員がペアを作り直します。

106　ぎったんバッタン

概要　２人が背中合わせになってする遊び

人数　６人～

対象　５歳～

遊びかた

① ２人が背中合わせに立ち、両腕を組み、交互に前屈します。

Point

・背の高さや体重に差の少ない子どもを組み合わせる。
・背負われる側の人は、力を抜いて動かないようにするとよい。

107　尻ずもう

概要　お尻をつかってすもうをする

人数　６人～

対象　５歳～

準備　石灰などで、地面に直径１～２メートルの円を描く。

遊びかた

① 円の中央に２人で背中合わせに立ちます。

② 「ヨーイ、ドン」（「ハッケヨイ、ノコッタ」でもよい）で２人はお尻で押し合います。円から押し出されたほうが負けです。

Point

・１本のラインをはさんで背中合わせに立ち、「ヨーイドン」で押しあいを始めて、動いたほうが負け、というものを導入にしてもよい。
・押すタイミングやお尻の高さがポイントになることを考えさせる。
・３人、４人と土俵に乗る人数を増やしていってもよい。

108　円陣バランス

概要　円陣を組んで、手を合わせて押し合う遊び

人数　10人～

対象　５歳～

遊びかた

① 二人組を作り、向かい合って立ちます。

②「よーいどん！」の合図で、前の人と手のひらを合わせて押し合います。足を動かしたり、バランスをくずし前のめりになって相手を触ったりすると負けです。

③ 3人、4人、5人…と、どんどん人数を増やしていきます。人数が増えた場合、みんなで円形になって内側を向きます（間隔は少しゆったりとる)。隣の人と手のひらを合わせ、「よーいどん」の合図で同様に始めます。

Point

- タイミングを見計らって押す力をゆるめるなど、相手との駆け引きを楽しむ。
- 最初は「両足立ち」ではじめ、慣れてきたら「片足立ち」、さらに「目をつぶる」など少しずつ難しい体勢も取り入れてもよい。
- 各人の立ち位置をあらかじめ決めておき、その位置からズレた人が負けとなることにしてもよい。

円形になって内側をむく
ドン
しまった…
バランスをくずして
足を動かすとアウト！
⇩
外に抜ける

109　ケンパー（ケンケンパー）

概要　リズミカルにケンパーを跳んでいく遊び

人数　８人～

対象　４歳～

準備　地面に同じ大きさの円を図のように描きます。

遊びかた

① 円が一つのところは片足で、円が二つの所は両足でケン・パー・ケン・パー・ケン・ケン・パーと飛びます。円の最後まで行ったら、方向を転換して戻ってきます。

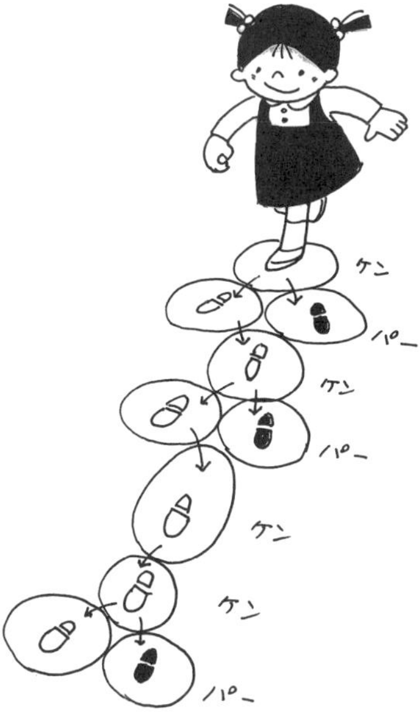

110　八十八夜

人数　６人～

対象　小学校低学年～

遊びかた

① **向かい合って歌いながら、決まった手の動きをくりかえしていきます。軽快に歌い、リズムを合わせて進めていきます。**

Point

・テンポを早くしたり、ゆっくりしたりするとよい。
・他の歌を使って、手の動きを変更するのも面白い。

歌詞

夏も近づく八十八夜
野にも山にも若葉が茂る
あれに見えるは
茶摘みじゃないか
茜襷に菅の笠

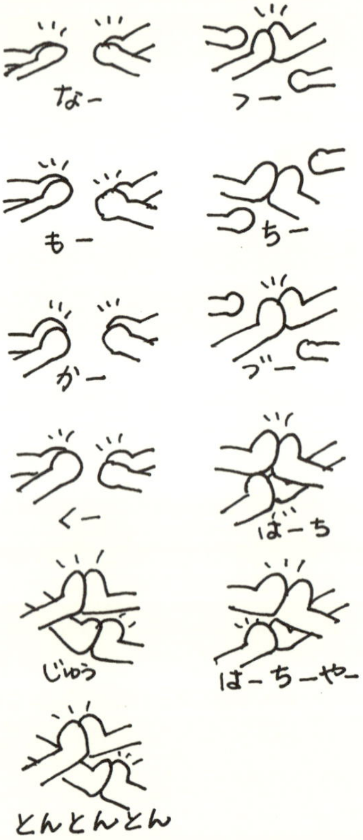

111　芋むしゴロゴロ

概要　列の先頭同士がジャンケンをし、負けると列が小さくなっていく

人数　10人〜

対象　5歳〜

遊びかた

① 複数のチームに分かれ、チーム毎に芋虫を作ります（前の人の腰につかまってしゃがみます)。「いもむしゴロゴロ　ひょうたんぽっくりこ」と歌い、ヨチヨチ練り歩きながら、他のチームと出会います。

② 出会ったら先頭の人がジャンケンをし、負けた先頭の人は列の外に出ます。

③ 先に人数がゼロになったチームが負け。

歌詞

芋むし　ごろごろ
ひょうたん　ぽっくりこ

112　靴かくし

概要　歌いながら鬼を決め、鬼がかくした靴を皆が探す遊び

人数　５～10人

対象　５歳～

遊びかた

① リーダーを１人決めます。リーダー以外の皆は片方の靴を脱ぎ、円形に並べます。

② リーダーは歌いながら手で１つ１つ靴に触っていき、歌の最後の「め」で当たった靴の持ち主が次のリーダーとなります。

③ ②をくりかえし、最後に残った靴の持ち主が鬼となります。

④ 鬼になった人は、自分以外の皆の靴の片方をかくします。

⑤ みんなは自分の靴を探しに行きます（制限時間を決めておく）。

⑥ 制限時間内に見つけられなかった人が次の鬼になります。複数いる場合は、ジャンケンなどで次の鬼を決めます。また、全員が自分の靴を見つけられた場合は、鬼は交代しません。

歌詞

靴かくし　ちゅうれんぼ
柱の下のねずみが
靴をくわえて
チュッチュクチュ
チュッチュク
饅頭は誰が食った
誰も食わない わしが食った
隣の看板三味線屋
裏からまわって三軒目

113　お寺の和尚さん

人数　８人～

対象　５歳～

遊びかた

①「せっせっせのよいよいよい」で、両手をとって上下に動かす。

②「お寺の和尚さん」歌いながら、リズムに乗って自分の右手と相手の右手を合わせる。

③「芽が出て」で合掌、「ふくらんで」で丸くして、「花が咲いたら」で手を開き、続いてじゃんけんをする。

歌詞

せっせっせのよいよいよい
お寺の和尚さんがかぼちゃの種をまきました
芽が出てふくらんで　花が咲いたらジャンケンポン

114　指揮者

概要　左右で違うリズムをとる遊び

人数　６人～

対象　５歳～

遊びかた

① 片方の指は２拍子、もう片方は３拍子のリズムをとります。

② 指でリズムがとれるようになったら「もしもしカメよ～」などみんなの知っている歌などにあわせてみましょう。

Point

・基本の形に慣れてきたら、リズムや速さを変えるとよい。

115　十五夜のおもちつき

人数　10人～

対象　5歳～

遊びかた

①つき手と受け手をきめます。

②受け手は体の前で左の掌を上向きに固定し、右の掌を下向きにして、歌が終わるまでリズムに合わせて、左の掌をたたき続けます。

③「十五夜のおもちつき」：2人で歌を唄います。

④「ぺったんこ　ぺったんこ」：つき手は「ぺっ」で自分の左手をたたき、「たん」で餅をこねるときの要領で受け手の左手をたたき、「こ」で自分の左手をたたきます。これを2回くりかえします。

⑤「ぺったんぺったん　ぺったんこ」：「ぺっ」は自分の左手を1回たたき、「たん」は受け手の左手を1回たたきます。

⑥「おっこねた　おっこねた」：「おっ」で自分の左手を1回たたき、「こね」で受け手の手が上下に開いている間に、右手を受け手の左の手の上を1回まわして餅をこねる動作をします。「た」で自分の左手を1回たたきます。

⑦「おっこね　おっこね　おっこねた」：⑥と同様「お」で自分の左手

をたたき、「こね」でこねる動作をします。これを3回くりかえし、「た」で自分の手をたたきます。

⑧「トーン　トーン」：受け手の上で2回手をたたきます。

⑨「トンテントン」：受け手の右手の上で手をたたき（上）、受け手の手が上下に開いている間で手をたたき（中）、受け手の左手の下で手をたたきます（下）。

⑩「トンテントンテン　トンテントン」：両手の打ち合わせ1回ずつで、受け手が右手を振り下ろす間を縫って、下中上中下中上と打っていき、最後は上で終わります。

Point

・子ども全員がつき手になり、指導者が歌いながらリズムをとってまわるのでもよい。

歌詞

十五夜のおもちつき
ぺったんこ　ぺったんこ
ぺったん　ぺったん　ぺったんこ
おっこねた　おっこねた
おっこね　おっこね　おっこねた
トーン　トーン　トンテントン
トンテントンテン　トンテントン

116　チューリップ

人数　８人〜

対象　５歳〜

遊びかた

① ペアを作り、向かい合って立ちます。

②「チューリップ」の歌に合わせて手やひざをたたきます。「い」の時はひざをたたき、「な」の時はペアの人の手をたたきます。

Point

・徐々に歌のスピードを早くしていくと面白い。

・また、3人以上なら円になって座り、「い」の時は一緒にひざをたたき、「な」の時は両隣にいる人の手をたたくのにしてもよい。

歌詞

さいた　さいた
チューリップの花が
ならんだ　ならんだ
あか　しろ　きいろ
どの花みても
きれいだな

117　きらきらぼし

人数　６人〜

対象　５歳〜

遊びかた

① からだの各部分に、「ド」から「ラ」までの音を割り当てます。

② 歌いながら、決めた場所をリズムに合わせて両手でたたきます。

Point

- 速度やリズムを変えると面白い。
- 音階を指の本数で表しても面白い。
- 別の歌を使ってもよい（例：「チューリップ」「鳩ぽっぽ」「日の丸の旗」など）。

歌 詞

きらきらひかる おそらの星よ／まばたきしては みんなを見てる
きらきらひかる おそらの星よ
（ドドソソララソ ファファファミミレレド／ソソファファファミミレ ソソファファファミミレ
ドドソソララソ ファファファミミレレド）

118　もしもし亀よ

人数　６人～

対象　５歳～

遊びかた

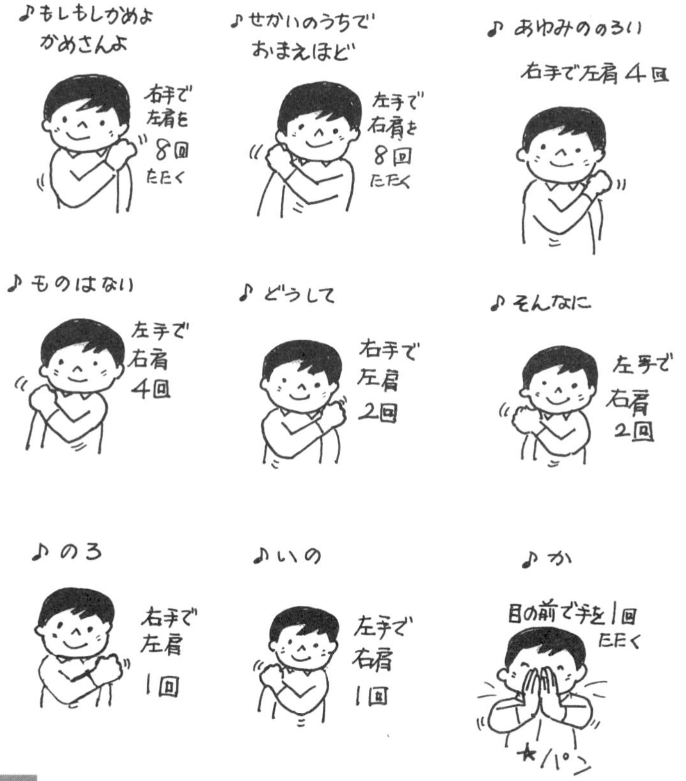
♪もしもしかめよ
かめさんよ
右手で
左肩を
8回
たたく
♪せかいのうちで
おまえほど
左手で
右肩を
8回
たたく
♪あゆみののろい
右手で左肩4回
♪ものはない
左手で
右肩
4回
♪どうして
右手で
左肩
2回
♪そんなに
左手で
右肩
2回
♪のろ
右手で
左肩
1回
♪いの
左手で
右肩
1回
♪か
目の前で手を1回
たたく
★パン

Point

・ペアの場合は、向かい合って相手の肩をたたきます。

歌詞

もしもし亀よ亀さんよ　世界のうちでおまえほど
歩みののろいものはない　どうしてそんなにのろいのか

119　ずいずいずっころばし

人数　10人程度

対象　4歳～

遊びかた

① リーダーを1人決めます。

② みんなで輪になり、両手でゆるい握りこぶしを作って前に出します。

③ リーダーは片方の手だけこぶしを作り、もう片方の手の人さし指を、歌に合わせてみんなのこぶしの中に順番に入れていきます。

④ 歌の最後にリーダーの指がこぶしの中に入った人が次のリーダーになって、②～④をくりかえします。

Point

・②の時に、隣の人と手を交差させるなど、順番を変えると面白い。

歌詞

ずいずいずっころばし
胡麻味噌ずい
茶壺に追われて トッピンシャン
抜けたらドンドコショ
俵のねずみが米喰ってチュウ
チュウ チュウ チュウ
お父さんがよんでも
お母さんがよんでも
行きっこなしよ
井戸のまわりで
お茶わん欠いたのだあれ

120　茶々つぼ

人数　６人～

対象　４歳～

遊びかた

① ２人が向かい合って座り、歌いながら手を次のように動かします。

「チャ」で左手はグーにして（壺）、その上にパーにした右手をのせます（ふた）。

「チャ」で左手はグーのまま（壺）、開いた右手を下にあてます（底）。

「つ」で右手をグーにして（壺）、その下にパーにした左手を乗せます（ふた）。

「ぼ」で右手はグーのまま（壺）、開いた右手を下にあてます（底）。

歌詞

茶々つぼ　茶つぼ
茶つぼにはふたがない
底をとってふたにしろ

歌	ちゃちゃ	つぼ	ちゃつぼ	ちゃつぼには	ふたがない	そこをとって	ふたにしろ
右手	上　下	握　握	上　下　握	握　上　下　握	握　上　下	握　握　上　下	握　握　上
左手	握　握	上　下	握　握　上	下　握　握　上	下　握　握	上　下　握　握	上　下　握

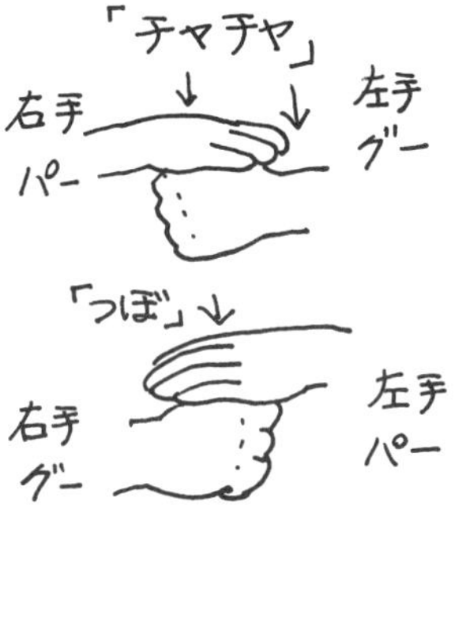

121　手合わせおちゃらか

人数　10人～

対象　３歳～

遊びかた

①「せっせっせのよいよいよい」で、両手をとり上下に動かします。

②「おちゃらかホイ」を歌いながら「ホイ」のところで、ジャンケンをします。

③「おちゃらか勝ったよ（負けたよ）」で、勝った人は「バンザイのポーズ」、負けた人は「両人差指で泣くポーズ」をします。あいこの時は両方が「両手を腰に添えるポーズ」をします。

④ 次の「おちゃらかホイ」で再度ジャンケンをします。

⑤ 以下、③④をくりかえします。

歌詞

せっせっせの
よいよいよい
おちゃらか
おちゃらか
おちゃらか　ホイ
おちゃらか
勝ったよ（負けたよ／あいこで）
おちゃらか　ホイ

122　こぶた たぬき きつね ねこ

人数　10人～

対象　3歳～

遊びかた

①「こぶた」では人差し指で鼻を押さえ、ぶたの鼻のようにします。

②「たぬき」では腹つづみを打ちます。

③「きつね」では手で耳をつくり、口をとがらします。

④「ねこ」では指でヒゲを表現します。

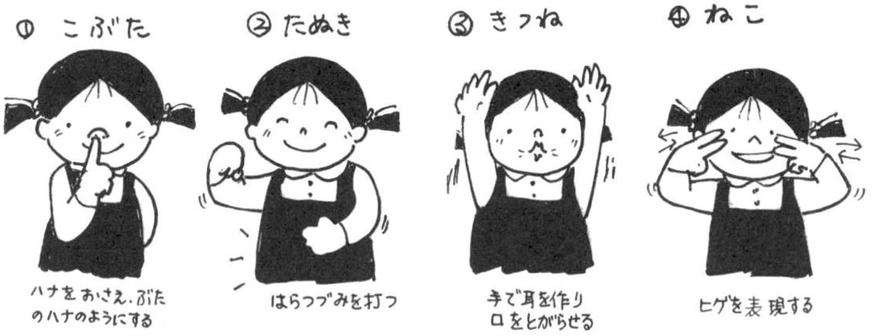

Point

・4、5歳児は、歌詞を覚えたら、2人1組になってやってみましょう。その場合、一方が動作をし、もう一方が合の手を入れ動物の鳴き声をします。

歌詞

こぶた（こぶた）　たぬき（たぬき）
きつね（きつね）　ねこ（ねこ）
ブブブ（ブブブ）　ポンポコポン（ポンポコポン）
コンコンコン（コンコンコン）　ニャーオ（ニャーオ）

123　たーまご　たまご

人数　10人～

対象　3歳～

遊びかた

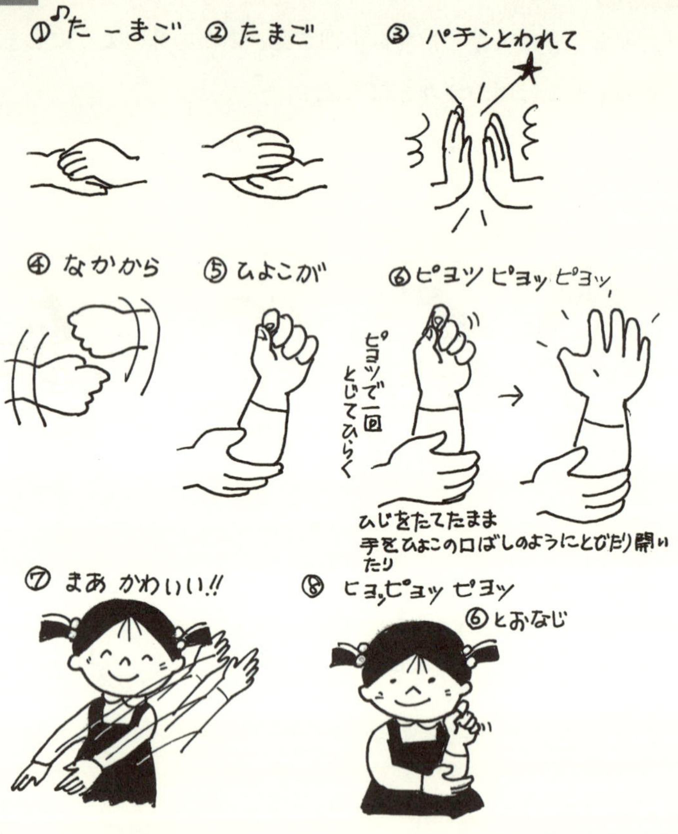

①たーまご
②たまご
③パチンとわれて
④なかから
⑤ひよこが
⑥ピヨッ ピヨッ ピヨッ
ピヨッで一回 とじてひらく
ひじをたてたまま
手をひよこの口ばしのようにとじたり開いたり
⑦まあ かわいい!!
⑧ピヨッピヨッ ピヨッ
⑥とおなじ

歌詞

たまご　たまご　パチンとわれて
なかからひよこが　ピヨッピヨッピヨッ
まあかわいい　ピヨッピヨッピヨッ

124　わたしはネコの子（現代風）

人数　10人～

対象　3歳～

遊びかた

①「わたしは」人差し指を口に当てる。

②「ネコの子」両手を広げて、ネコの耳をゆらす。

③「おめめが」人差し指で目尻をつり上げる。

④「クルクル　クルクル」目尻を押さえてまわす。

⑤「おひげがピン！」口元からのびたヒゲを表現する。

歌詞

わたしは　ねこのこ　ねこのこ
おめめは　クルクル　クルクル
おひげがピン！　おひげがピン！
おひげがおひげが　ピン！ピン！ピン！

①わたしは

②ネコの子

③おめめが

④クルクル

⑤おひげが

ピン！

125　チョキチョキダンス（現代風）

人数　10人〜

対象　３歳〜

遊びかた

①♪ラララ右手×2ラララ右手を
くるりんぱ
ヒジから先をぐるりと
回わしてパッと広く
♪②チョキ チョキダンスを
みんなで おどろう
両手でチョキをつくり
左右にリズミカルに動きます
③ラララララララ
メロディーの「♪ラ」にあわせ
手拍子をする
♪ スマイル
人指し指をほおに
あてる

歌詞

ラララ右手　ラララ右手　ラララ右手をクルリンパ
チョキチョキダンスを　みんなで踊ろう
ラララララララ　スマイル

126　アンパン 食パン（現代風）

人数　10人～

対象　3歳～

遊びかた

①「アンパン」 ほっぺたに拳をくっつけます。

②「食パン」 親指と人差し指を直角に開いてチョキを作ります。

③「クリームパン」 クリームをクルクルまぜる動作をします。パンで手を叩きます。

④「サンドイッチ」 両手を上にあげます。

⑤「ドーナツ」 腕で輪を作ります。

⑥「クロワッサン」 チョキでクルクルまわします。

歌詞

あんぱん食パン　あんぱん食パン
クリームパン　クリームパン
サンドイッチ　ドーナツ
サンドイッチ　ドーナツ
クロワッサン　クロワッサン

①アンパン

②食パン

③クリーム　　パン

④サンドイッチ

⑤ドーナツ

⑥クロワッサン

127　たまごをポン（現代風）

人数　10人～

対象　3歳～

遊びかた

①「割りまして」で割る動作をします。

②「ジュージュー」で右人差し指を下向きに左右に動かし、「目玉焼き」で人差し指と親指で○をつくって目の部分につけます。

③「くるくるやいたら」で両手人差し指でくるくるまわし、「卵焼き」では両手を合わせます。

④「小麦粉まぜたら」で左右の手をそれぞれぐるぐる振り、「ホットケーキ」で両手を広げます。

⑤「割らないで」は両手を開いて前に出します。

⑥「そのままゆがいてゆで玉子」で両手を丸めて玉子の形をつくります。

歌詞

たまごをポンと割りまして　ジュージュー焼いたら目玉焼き
たまごをポンと割りまして　くるくるまいたらたまごやき
たまごをポンと割りまして　小麦粉まぜたらホットケーキ
たまごをポンと割らないで　そのままゆがいてゆでたまご

128 ピクニック（現代風）

人数 10人～

対象 3歳～

遊びかた

①「1と5で…」つまようじで食べるようにします。

②「2と5で…」おはしで食べるようにします。

③「3と5で…」フォークで食べるようにします。

④「4と5で…」スプーンで食べるようにします。

⑤「5と5で…」おにぎりを握ります。

⑥「ピクニック ヤッ」バンザイをします。

①
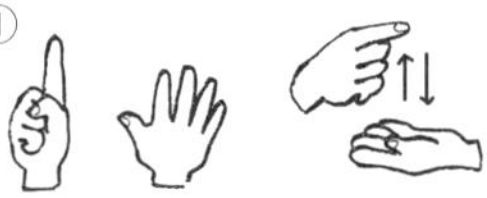

②

③

④

⑤
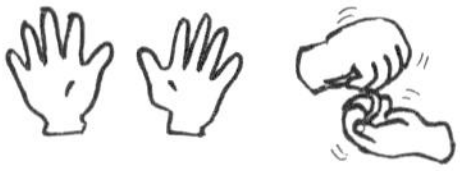

⑥

歌詞

1と5で たこやきたべて　2と5で やきそばたべて
3と5で スパゲティたべて　4と5で カレーたべて
5と5で おにぎりつくって　ピクニック ヤッ

129　グーチョキパー（現代風）

人数　10人～

対象　3歳～

遊びかた

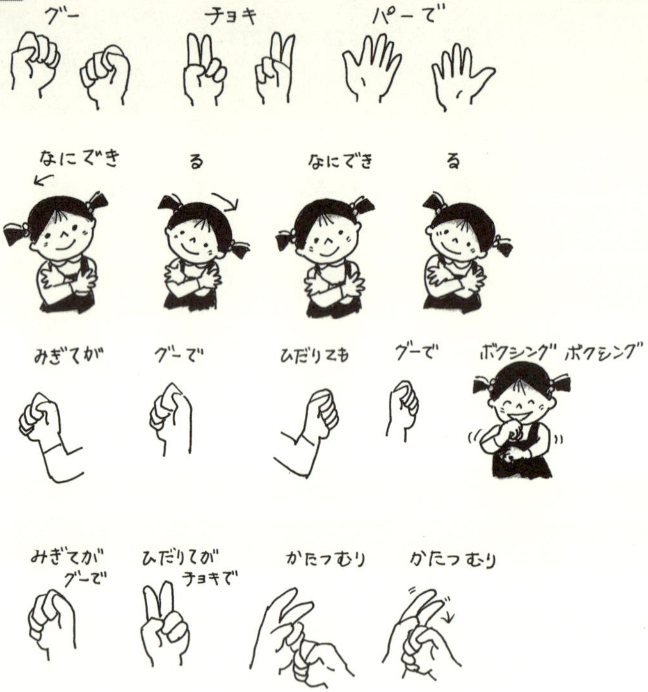

歌詞

グーチョキパーで　グーチョキパーで　なにできる　なにできる
右手がグーで左手もグーで　ボクシング
右手がグーで左手がチョキで　かたつむり
右手がチョキで左手もチョキで　かにさんよ
右手がパーで左手もパーで　とりさんよ

130　ひげじいさん

人数　10人～

対象　３歳～

遊びかた

① 向かい合って座ります。

「トントン…」歌いながら膝をたたきます。

②「ひげじいさん」両手をあごの下につけます

③「こぶじいさん」両手をほっぺたにつけます。

④「てんぐさん」両手を鼻先につけます。

⑤「めがねさん」両手を目の前につけます。

⑥「手は上に」両手を上にあげます。

⑥「キラキラ…」手をひらひらさせます。

⑦「手はおひざ」手を膝に戻します。

歌詞

トントントントン　ひげじいさん（アンパンマン）
トントントントン　こぶじいさん（ショクパンマン）
トントントントン　てんぐさん（カレーパンマン）
トントントントン　めがねさん（どきんちゃん）
トントントントン　手はうえに（ばいきんまん）
キラキラキラキラ　手はおひざ（バタコさん）

アンパンマン

カレーパンマン

ばいきんまん

ショクパンマン

どきんちゃん

バタコさん

①トントントントン

②ひげじいさん

③こぶじいさん

④てんぐさん

⑤めがねさん

⑦キラキラキラキラ

131　ゴレンジャー（現代風）

人数　10人～

対象　3歳～

遊びかた

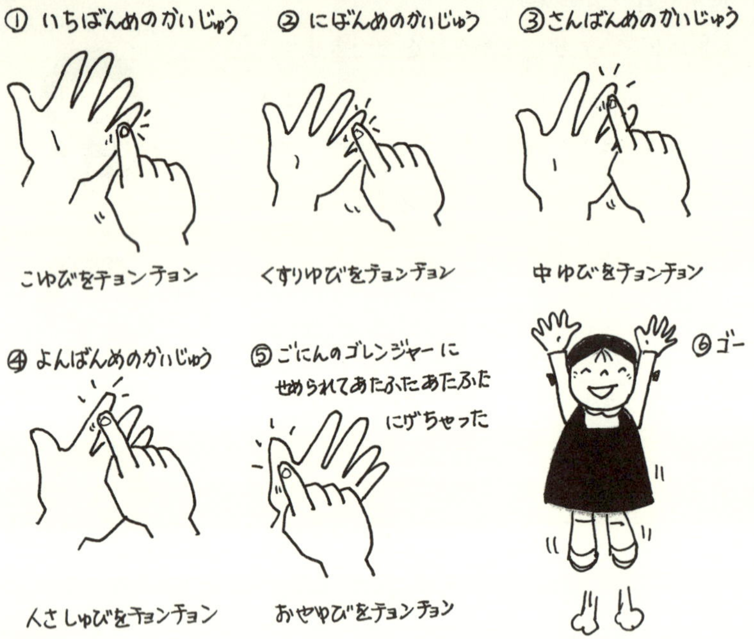

① いちばんめのかいじゅう
② にばんめのかいじゅう
③さんばんめのかいじゅう
こゆびをチョンチョン
くすりゆびをチョンチョン
中ゆびをチョンチョン
④ よんばんめのかいじゅう
⑤ごにんのゴレンジャーに
せめられてあたふたあたふた
にげちゃった
⑥ゴー
人さしゆびをチョンチョン
おやゆびをチョンチョン

歌詞

一番目の怪獣　二番目の怪獣　三番目の怪獣　四番目の怪獣
五人のゴレンジャーに攻められて　あたふたあたふた逃げちゃった　ゴー

いちばん め の かいじゅう にばんめ の かいじゅう さんばんめのかいじゅう よんばんめのかいじゅう
ごにんのゴレンジャーに せ め ら れ て あ た ふ たあたふた に げ ちゃっ たゴー

132　かいだんのぼってこーちょこちょ

人数　10人〜

対象　3歳〜

遊びかた

①「1番星こーちょこちょ」で、受け役は親指を折り、くすぐり役は手のひらをくすぐる。受け役は指を戻す。

③「2番星つーねって」で、受け役は人さし指を折り、くすぐり役は手のひらをつねる。受け役は指を戻す。

④「4番星つーねって たーたいて こーちょこちょ」で、受け役はくすり指を折り、くすぐり役は手のひらをつねり、たたき、くすぐる。受け役は指を戻す。

⑤「5番星かいだんのぼって こーちょこちょ」で、くすぐり役は指で腕をのぼっていき、受け役は指を戻す。

歌詞

1番星こちょこちょ
2番星つねって
3番星たたいて
4番星つねってたたいてこちょこちょ
5番星階段のぼってこちょこちょ

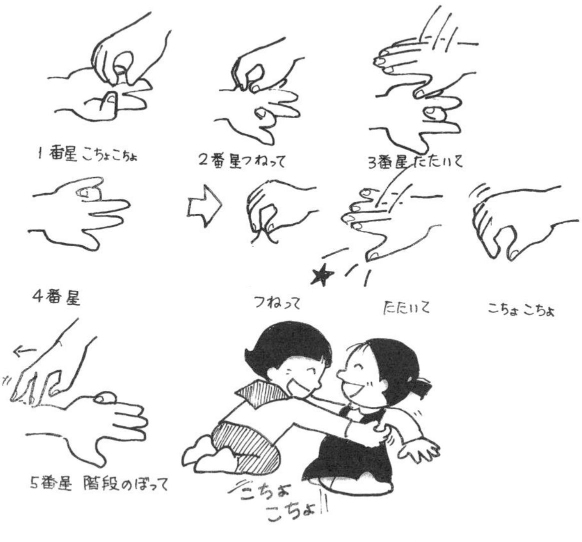

133　一本橋こちょこちょ

人数　大人１人、子ども１人（数組）

対象　０～２歳

遊びかた

① 向かい合って座ります。「一本橋」で大人は人差し指で子どもの手のひらに触れます。

② 「こちょこちょ」手のひらをくすぐります。

③「たたいて」手のひらをたたきます。

④「つねって」手のひらをつねります。

⑤「階段のぼって」手のひらから肩まで手を小刻みに移動させます。

⑥ 最後の「こちょこちょ」で両手でくすぐります。

①一本橋
②こちょこちょ
③たたいて
④つねって
⑤階段のぼって
⑥こちょこちょ
コチョ
コチョ

Point

・４歳頃になると子どもだけで行うこともできる。

歌詞

一本橋　こちょこちょ
たたいてつねって　階段のぼって
こちょこちょ

いっぽんばし　こちょこ ちょ　たたいて　つねって
かいだん の ぼ っ て　こ ちょこ ちょ ！

134　ここはとうちゃん にんどころ

概要　大人は子どもを抱き、顔に触れながら遊ぶ

人数　大人１人、子ども１人（数組）

対象　０～２歳

遊びかた

① 大人は子どもを抱き、歌に合わせて顔に触れていきます。

ここはとうちゃん
にんどころ

ここはかあちゃん
にんどころ

ここはじいちゃん
にんどころ

ここはばあちゃん
にんどころ

ここはにいちゃん
にんどころ

ここはねえちゃん
にんどころ

だいどうだいどう
こちょこちょ

Point

・ にんどころ＝似ているところ、という意味です。
・ 目を合わせて、やさしく、ゆっくり顔のあちこちを触りましょう。

歌詞

ここはとうちゃん にんどころ　ここはかあちゃん にんどころ
ここはじいちゃん にんどころ　ここはばあちゃん にんどころ
ここはにいちゃん にんどころ　ここはねえちゃん にんどころ
だいどうだいどう こちょこちょ

135　チョチチョチアワワ

人数　大人１人、子ども１人（数組）

対象　０～２歳

遊びかた

① 向かい合って座り、両手をつなぎます。「チョチチョチ」で前後に揺らします。

② 片手を離し、その手を口元にもっていき「アワワ」をします。

③ そして両手を離し「かいぐりかいぐり」で胸の前で手首を回します。

④ 最後に「おつむてんてん」であたまを軽くたたきます。

Point

・最初はひざの上にのせて行い、慣れてきたら向かい合って座って行うとよい。

歌 詞

チョチチョチアワワ
かいぐりかいぐり
おつむてんてん

①チョチチョチ

②アワワ

③かいぐりかいぐり

④おつむてんてん

136　おつむてんてん

人数　大人１人、子ども１人（数組）

対象　０～２歳

遊びかた

① 向かい合って座り、両手をつなぎます。

②「おつむてんてん」で右手をそれぞれ軽くたたきます。

③「かいぐりかいぐり」で両手を胸の前で回します。

④「いないいない」で両手で目を隠します。

⑤「バア」で相手に手をふります。

⑥ 最後に「おつむてんてん」であたまを軽くたたきます。

歌詞

おつむてんてん
かいぐりかいぐり
いないいないバア

①

②おつむてんてん

③かいぐりかいぐり

④いないいない

⑤バア

おつ　む　てんてん　かい　ぐ　り　かい　ぐ　り　いないいない バァ

137　チッチコッコとまれ

人数　大人１人、子ども１人（数組）

対象　０～２歳

①

遊びかた

① 向かい合って座ります。子どもの左手を開かせます。

② 「チッチコッコ　とまれ」で左の手のひらに触れます。

③ 「とまらにゃ　とんでいけ」で触れていた指を離します。

②チッチコッコとまれ

③とんでいけ

Point

・ ひざに座らせてゆっくりとしたテンポで楽しむのもよい。

歌詞

チッチコッコ とまれ
チッチコッコ とまれ
とまらにゃ とんでいけ

138　こっちのタンポ

人数　大人１人、子ども１人（数組）

対象　０～２歳

遊びかた

①

① 向かい合って座ります。

② 「こっちのタンポタンポや」を二回繰り返します。一度目は右手で左の手のひら、ひじ、肩の順に押さえ、二度目は左手で右の手のひら、ひじ、肩の順に押さえていきます。

③ 「おつむてんてん」と両手で頭を押さえます。

④ 「かいぐりかいぐり」で両手を胸の前で回します。

⑤ 「いないいない」で両手で顔を隠して、「ばあ」で笑顔。

②こっちの　タンポタンポ　や

③おつむてんてん

④かいぐりかいぐり

⑤いないいないバア

歌詞

こっちのタンポタンポや　こっちのタンポ
タンポや　おつむてんてん
かいぐりかいぐり　いないいないバア

139　あがりめ さがりめ

人数　大人１人、子ども１人（数組）

対象　０～２歳

遊びかた

① 向かい合って座ります。「あがりめ」で人差し指で目じりを上げます。

②「さがりめ」では人差し指を下げます。

③「くるっとまわって」で目じりを回します。

④「にゃんこのめ」で目じりを横にひっぱるります

Point

・一つ一つの動作の後に「面白いね」と確認すると言葉も自然に覚えるようになります。

歌詞

あがりめ　さがりめ
くるっとまわって　にゃんこのめ

①あがりめ

②さがりめ

③くるっとまわって

④にゃんこのめ

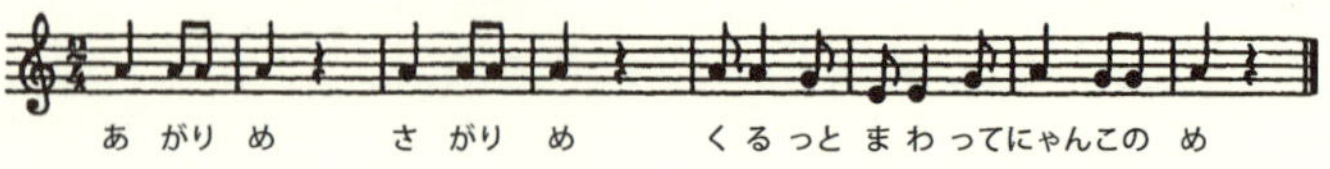
あ が り め　さ が り め　く る っと ま わ ってにゃんこの め

140　おせんべやけたかな

人数　大人１人、子ども３人（数組）

対象　０～２歳

遊びかた

① 子どもは横一列に並び、手のひらを上に向けます。

②「おせんべやけたかな」と歌いながら手のひらを指で順に触っていきます。

③「クルッ」のところで手のひらを返します。

Point

・慣れてきたら、子どもを仰向き寝にします。並んで寝ている子どもたちを順に触れていき、「クルッ」とのところでうつ伏せにするのも面白い。

歌詞

おせんべおせんべやけたかな
どのおせんべやけたかな
このおせんべ　クルッ

141　どの竹の子

人数　大人１人、子ども１人（数組）

対象　０～２歳

遊びかた

① 子どもは座って両手を後ろに隠します。「どの竹の子が父さんかな？」と大人がたずねます。

② 「あ、この竹の子だ」で子どもは親指を出します。

③ 「お父さん竹の子、こんにちは」で親指を曲げてあいさつをします。

④ 以下、人差しはお母さん、中指はお兄さん、薬指はお姉さん、小指は赤ちゃん…と順に歌います。

①どの竹の子が父さんかな？

②あ、この竹の子だ

③父さん竹の子、こんにちは

母さん
兄さん
姉さん
赤ちゃん

歌詞

どの竹の子が父さんかな？　あ、この竹の子だ
父さん（母さん、兄さん、姉さん、赤ちゃん）竹の子、こんにちは

どのたけのこが　とうさんかな　「あ,このたけのこだ」
とうさんたけのこ　こんにちは

142　風さん吹いとくれ

人数　大人１人、子ども１人（数組）

対象　０～２歳

準備　ハンカチ

①かぜさん、かぜさん ふいとくれ

遊びかた

①「かぜさん、かぜさん ふいとくれ」で子どもの前にハンカチをゆらゆらとゆらします。

②「あの山こえて 里こえて むこうのお山へ」でハンカチを子どもの前方遠くへ動かします。

③「とんでいけ」でさっとハンカチを後ろに動かします。

③とんでいけ

Point

・リズムにのって、やさしい風を送るような気持ちで布をゆらしましょう。
・「とんでいけー」では、さっとハンカチをとり除き、そのおどろきを楽しみましょう。

歌詞

かぜさん、かぜさん ふいとくれ
あの山こえて里こえて　むこうのお山へとんでいけ

かぜさんかぜさん ふいとくれ あのやまこえて
さとこえて むこうのおやまへ とんでいけ

143　おべんとうばこのうた

人数　大人１人、子ども１人（数組）

対象　０～２歳

遊びかた

①これくらいのお弁当箱に

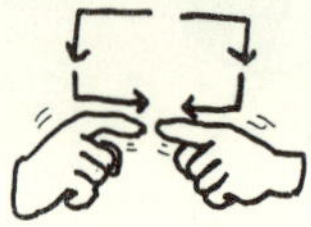

②おにぎりおにぎり

③ちょいとつめて

④きざみしょうがに

⑤ごましおふって

⑥にんじんさん

⑦さくらんぼさん

⑧しいたけさん

⑨ごぼうさん

⑩あなのあいたれんこんさん

⑪すじのとおった

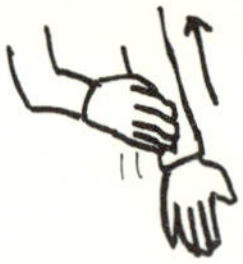

⑫ふき

Point

- 「おべんとうばこに何を入れようか？」と話しながら、お弁当をつくり上げていくつもりで行います。
- 「みんなのお弁当には何が入っているかな？」と問いかけ、イメージをふくらませ、玉子焼きやウインナー、デザートなどをつけ加えても面白い。
- 紙粘土でつくって箱につめてみるのも面白い。

歌詞

これくらいのお弁当箱に／おにぎりおにぎり ちょいとつめて
きざみしょうがに ごましおふって／にんじんさん さくらんぼさん
しいたけさん ごぼうさん／あなのあいた れんこんさん／すじのとおった ふき

144　むっくりくまさん（現代風）

人数　大人１人、子ども１人（数組）

対象　０～２歳

遊びかた

①「むっくりくまさん…穴のなか」で大人がくまになり四つんばいになります。

②「眠っているよ…」で止まります。

③「寝言を言って…」で動きます。

④「食べられちゃうぞ」でバアとします。

⑤ マテー！と子どもを追いかけます。

歌詞

むっくりくまさん　むっくりくまさん
穴の中
眠っているよ　ぐーぐー
寝言を言って　むにゃむにゃ
目をさましたら　目をさましたら
食べられちゃうぞ

①むっくりくまさん穴のなか

②眠っているよ　ぐーぐー

③寝言を言って　むにゃむにゃ

④食べられちゃうぞ

⑤マテー！

145　クギ刺し

人数　6人～

対象　小学校低学年～

準備　10センチ程度のクギ〔1人あたり5本〕

遊びかた

① 腕を押し出すように振って、クギを地面に刺します。順番に行い、誰が多く刺したかを競います。

Point

- 最初は砂場で行うとよい。
- 刺す人以外の人は、少し離れて待機させるとよい。

146　陣取り

概要　鉛筆を前にすべらせ、どちらが先に相手の陣地に入るかを競う

人数　４人～

対象　小学校低学年～

準備　同じ長さの鉛筆×２本、紙

遊びかた

① 紙の対角線上の角にそれぞれの陣地を描きます。

② ジャンケンで勝った人が自分の陣地内に人差し指で鉛筆を立てて押さえ、指の力で前方にすべらせます。鉛筆が倒れたところまで進むことができます。

③ 再度、ジャンケンをして同じ要領で続けます。早く相手の陣地に入った人が勝ち。

Point

・鉛筆の芯は尖っていると危険なので、丸くしておくとよい

147　凧あげ

人数　10人～

対象　小学校低学年～（凧揚げは３歳～）

準備　和紙（２枚）、竹ひご（３本）、のり、はさみ、カッター

遊びかた

① 凧を作ります（下の作り方参照）。

② 凧をあげるとき、持ち役は角形の角を持ちます。上げ役は上げ糸を持ってから徐々に走り出します。持ち役は適当なところで凧から手を離します。

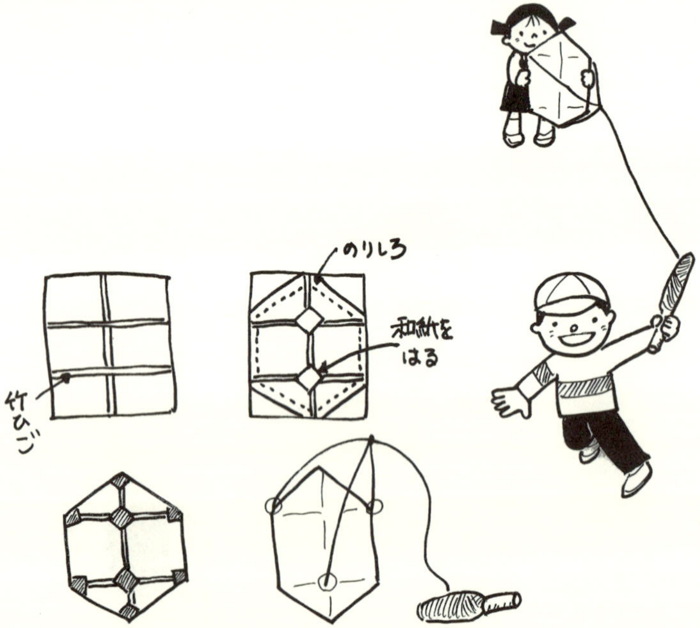

148 パチンコ

人数 10人～

対象 小学校低学年～

準備 Y字形の枝、糸、管ゴム（生ゴム、輪ゴムでもよい）、小石（紙を湿らせて紙玉を作ってもよい）

遊びかた

① Y字形の枝に溝を刻んでゴムを糸でくくりつけます。

② ゴムの中央に小石をはさんで引っ張り、的をねらいます。

Point

・作ったパチンコは学校で保管するのがよい。
・人には向けてはいけないことを教える。

149　吹き矢

人数　10人～

対象　小学校低学年～

準備　新聞紙、はさみ、セロテープ

遊びかた

① 矢と矢筒を作ります（下の作り方参照）。矢は硬めに作った方がよい。

② 矢を筒にはめ、口で息を吹きこんで的をねらいます。

矢
①10cm四方に切る
②円錐形に巻く
③中に折りこむ
矢筒
丸めて筒形にする
フー

150　水きり

概要　小石を水に投げて弾ませる遊び

人数　10人～

対象　小学校低学年～

準備　平らな小石

遊びかた

① 石を、水面すれすれに水平に投げてジャンプさせます。

② 石が沈むまでに何回ジャンプできたかを競います。

Point

・いい形の石を見つける。
・水面が比較的静かなところを選ぶ。
・河原など、投げた石が沈んでも支障のない場所で行う。

151　メンコ

人数　10人～

対象　小学校低学年～

準備　メンコ（メンコの形は、長方形、丸形などがある）

遊びかた

① 各人がメンコを2～3枚ずつ持って、メンコを叩きつけて相手のメンコを裏返します。裏返ったメンコは自分のものにできます。相手のメンコの下に自分のメンコが入りこんだ場合も、自分のものにできます。終了時の保持枚数を競います。

152　輪ゴムてっぽう

人数　10人～

対象　小学校低学年～

準備　輪ゴム

遊びかた

① 輪ゴムを小指に引っかけて手を握り、親指のつけ根をまわして人さし指の爪にかけます。

② 小指をはなすと輪ゴムがビューンととびます。

Point

・力加減や角度でとび方が変化するので工夫する。
・的を用意して、あくまでも的に当てるように指導する。
・当り方によっては危険であること、絶対に人を的にしてはいけないことを教える。

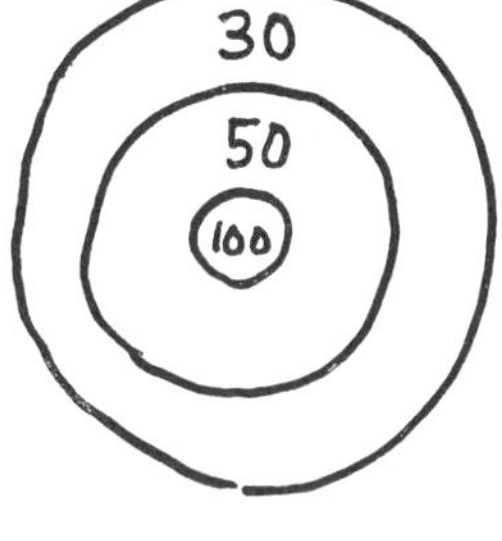

153　ハンカチまわし

概要　みんなでハンカチをパスし、持っている人を鬼が当てる

人数　10人～

対象　小学校低学年～

遊びかた

① 鬼を1人決めます。みんなは鬼に見えないように後ろで手をつなぎ、円をつくります。鬼は円の中心に立ちます。

② ところどころに「変電所」（流れを変えることができる）になる人を決め、最初にハンカチを持つ人（その人は「変電所」にもなります）を決めます。「○○さんから始めます」と鬼に知らせて遊びを始めます。

③ 起点の人は、どちらかの隣の人にハンカチを渡します。渡された人は更に隣にまわします（この時に右回り、左回りを変更してはいけません。ただし、「変電所」は流れの方向を変えることができます。また、「変電所」は流れをしばらくの間止めておくこともできます）。

④ 鬼は様子を見て「ピー」と合図をします。合図があったら流れを止めます。

⑤ 鬼は中央でみんなを観察して、ハンカチを持っている人を当てます。当たったらハンカチを持っていた人が次の鬼になります。

Point

・5回言っても当たらない時は、鬼がする罰ゲームを決めておいてもよい。
・「変電所」になる人を鬼がかわるごとに交代するのもよい。

154　三角ダー

概要　ビー玉でおはじきをする

人数　10人～

対象　小学校低学年～

準備　ビー玉（1人あたり10個程度）

遊びかた

① 一辺30cm位の三角形を地面に書き、その中にビー玉を置きます（ビー玉の数は人数によって決める）。

② ビー玉を投げる順番を決めます。1人1個のビー玉（親玉）を投げて、三角形の中にあるビー玉をはじき出します。はじき出した玉は自分の持ち玉となります。また、親玉が三角形の中で止まったり、1つもはじきだせない場合は、投げ手を次の人に交代します。

③ 三角形の中のビー玉がなくなれば終了です。その時点で持ち玉の一番多い人が勝ちです。

155　竹馬

人数　10人～

対象　小学校中学年～（竹馬乗りは４歳～）

準備　竹（真竹か淡竹がよい）、板（5cm × 30cm）×２枚、ひも

遊びかた

① 竹馬を作ります。（下の作り方参照）。

② 出来た竹馬に乗って歩きます。

Point

・ 最初は低い足台にして、徐々に足台の高さを上げていくとよい。
・ 降り方の練習（竹馬の前方に足を降ろす）をさせておくとよい。
・ 横、後ろ、斜めなどいろいろな動きをすると面白い。
・ 速さを競うのも面白い。
・ 障害を設置してそれを乗り越えていくのも面白い。

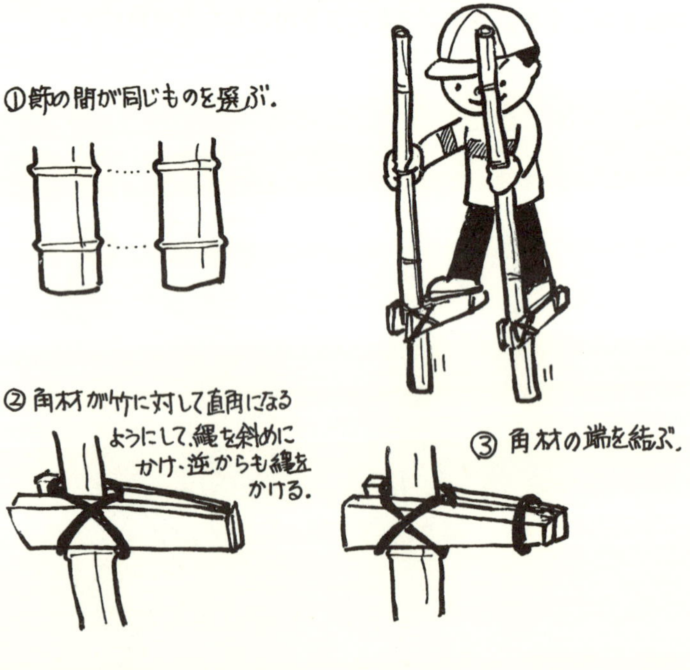
①節の間が同じものを選ぶ.
②角材が竹に対して直角になる
ようにして.縄を斜めに
かけ・逆からも縄を
かける.
③角材の端を結ぶ.

156　ベーゴマ

人数　10人〜

対象　小学校中学年〜

準備　ベーゴマ（1人に3〜5個）、ひも（各人）、ポリシート（1枚）、台（ポリペール、たらいなど1個）。台に少したるませたポリシートをかぶせ、ひもでくくりつける。

遊びかた

① ひもの片端に結び目を作ります（端から4センチの所と5センチの所）。

② ベーゴマの頂点の両側に結び目を合わせ、その周りにひもをまきつけます。

③ 台めがけてひもを手前に引き、はたくようにして、勢いよくベーゴマをまわします。ベーゴマをはじき出された方が負けです。

Point

・コマのまわし方を練習させておくとよい。
・コマが思わぬ方向に飛ぶことがあるので、コマをまわす人の前には行かないように教える。

157　お手玉

人数　５～６人

対象　５歳～

準備　お手玉

遊びかた

① 右手で投げて、右手で受ける（左手も）。

② 右手で投げて、左手で受ける（反対も）。

③ 投げた玉を手の甲で受ける。

④ 2つのおじゃみを両手でもち、左手から右手へ投げつつ、右手で投げて、左手で受ける。

⑤ 玉の数を増やし①～④をリズムよく行う。

Point

・お手玉は手作りもできる。作る際には子どもたちも参加させるとよい。

158　スーパーお手玉（現代風）

人数　５～６人

対象　５歳～

準備　スーパーボール（１人２個）

遊びかた

① 両手：右手で上げ、その間に左手の玉を右手にうつします。（ぐるぐる回すようにするとよい）。逆回りもやってみます。

② 片手：片手だけで行います。一個を上げ、落ちてくるタイミングを見はからって次の玉を上げます。反対の手でもやってみます。

159　折り紙占い

人数　10人～

対象　5歳～

準備　折り紙、ペン

遊びかた

① 占い用折り紙を作ります。（下の作り方を参照）

② 占いを始めます。「何番がいい？」と1人が尋ね、他の人が1～12番を選びます。

③ 折り紙を開いて占い結果を見ます。

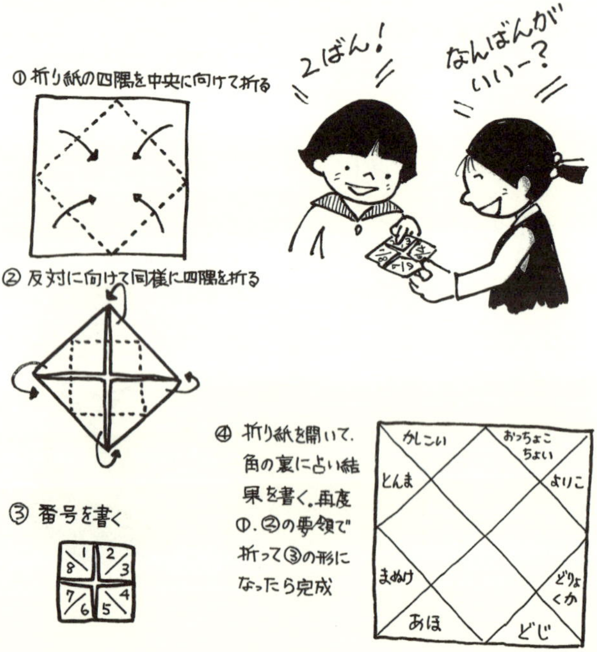

2ばん！
なんばんがいいー？
① 折り紙の四隅を中央に向けて折る
② 反対に向けて同様に四隅を折る
③ 番号を書く
1
2
3
4
5
6
7
8
④ 折り紙を開いて、角の裏に占い結果を書く。再度①、②の要領で折って③の形になったら完成
かしこい
おっちょこちょい
とんま
よりこ
まぬけ
どりょくか
あほ
どじ

160　缶ポックリ

人数　10人～

対象　5歳～（乗るのは3歳～）

準備　同じ大きさの空き缶×2個、2メートル程度のひも×2本、錐〔缶に穴を開ける〕

遊びかた

① 缶の両端に2個の穴を開け、ひもを通して結び缶ポックリを作ります。

② 缶の上に乗り、ひもの部分を図のように持って歩きます。

Point

・横、後ろ、斜め、ジグザグなどいろいろな動きをするとよい。
・慣れてきたら、速さを競うのも面白い。
・障害を設置してそれを乗り越えていくのも面白い（階段などでもよい）。

161　棒倒し

人数　10人～

対象　5歳～

準備　長めの棒、砂

遊びかた

① 長めの棒を砂山の上に立てます（棒の先は地面に立て、棒の先が砂山より出るようにする）。

② ジャンケンで勝った方から両手で（または片手で）砂を取っていきます（砂は必ず取る）。

③ 棒を倒した人が負け。

Point

・数人でチームを作り、チーム対抗にするのもよい。

162　ボタンゴマ（ブンブン）

人数　10人〜

対象　5歳〜

準備　大きめのボタン、糸

遊びかた

① 大きめのボタンの穴に糸を通し、糸が輪状になるよう結びます。

② 糸を引っ張ってボタンをまわします。ブンブンと音を立ててよくまわったらOK。

③ 慣れたら、反動（糸のねじれ）で反対向きにまわします。

Point

・ボタンをまわすには、糸を引っ張るタイミングが重要。

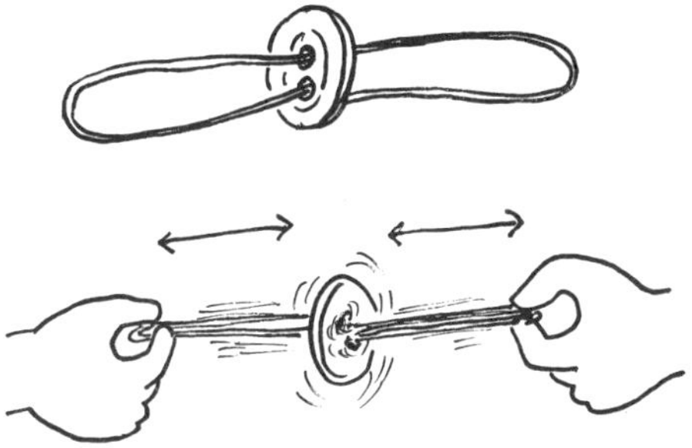

163　輪投げ

人数　10人～

対象　5歳～

準備　輪（竹、縄とびの縄、折り紙などで作ることもできる）、投げ入れ棒（ビンなど）

遊びかた

① 投げ輪を投げ入れ棒にめがけて投げます。

② 投げ位置を少しずつ棒から遠い所にしていきます。

Point

・ 個人間で得点争いをする。
・ グループに分かれて対抗戦をする。

164　バトンリレー（現代風）

概要　チーム毎にバトンをリレーして速さを競う

人数　８人～

対象　５歳～

準備　バトン×チーム数

遊びかた

① ４人以上のチームを作り、チーム毎に円になります。

② １人がバトンを持ち、「イチ、ニ、サン」の合図で前の人に手渡します。どんどんバトンを前へ送っていきます。

③ 最初の人にバトンが戻ってきたら、次は逆回りでバトンを手渡していきます。最初の人に戻ってきたらチームのみんなでしゃがみます。

④ 一番早くしゃがんだチームが勝ちとなります。

Point

・バトンの代わりに輪（リング）を使ってもよい。
・慣れてきたらバトンを渡す手を決めておくのもよい。

165　ゴロゴロドカーン（現代風）

概要　円形に並んでボールをまわしていく遊び

人数　８人～

対象　５歳～

準備　ボール

遊びかた

① 雷様役を１人決めます。雷様は目をつぶって中央にかがみます。

② 他の人は雷様の周囲に円状に並びます。

③ 雷様の正面の人がボールを持ちます。

④ 雷様の発することばに従ってボールを決められた方向にまわします。ピカッ：右回り、ピカッピカッ：左回り。「ゴロゴロゴロ…」と言っている間は同じ方向にボールを送り続けます。

⑤ 雷様は様子をうかがいながら「ドッカーン」とさけびます。

⑥ その時、ボールを持っていた人が次の雷様になります。

166　笹舟

人数　５～６人

対象　５歳～

準備　笹の葉

遊びかた

① 笹の葉で舟を作ります（下の作り方参照）。できあがったら小川などで流します。

Point

・速さを競うのも面白い。

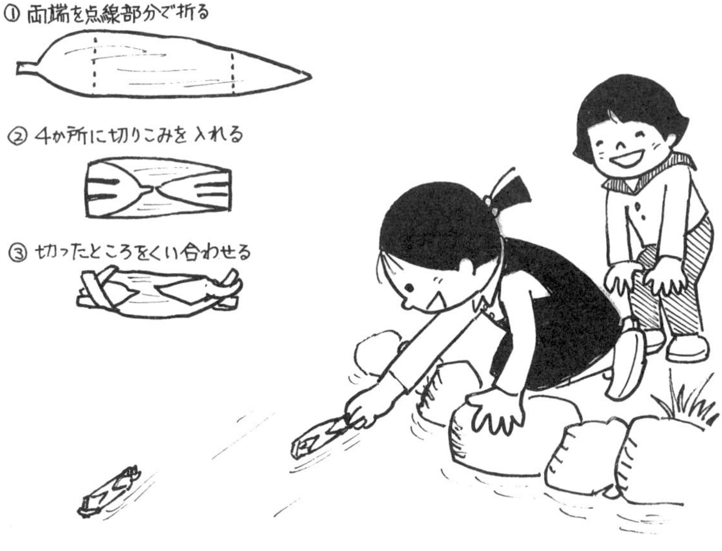

① 両端を点線部分で折る
② 4か所に切りこみを入れる
③ 切ったところをくい合わせる

167　数当て

概要　互いに握った石の数を当てる遊び

人数　10人～

対象　4歳～

準備　小石（1人6個程度）

遊びかた

① ペアを作ります。小石の上限を決めます。

② それぞれが上限を越えない数の小石を握り、「いくつ、いくつ、いーくつ」と言います。お互いの数を当てっこします。

③ 当たった人は相手の握っている石をもらえます。

Point

・2人が握っている小石の合計の数を当てるのも面白い。
・1点玉、2点玉、3点玉など石の点数を変化させてもよい。

168　おはじき遊び

概要　おはじきをはじいて取り合う遊び

人数　10人～

対象　3歳～

準備　おはじき（1人10個程度）

遊びかた

① 順番を決めます。最初の人が人数×5個程度のおはじきを机の上や床にばらまいて広げます。おはじきがくっついた時は、先攻の人がはじいて離します。

② おはじきを爪ではじきます（どの指を使ってもよい）。おはじきを他のおはじきに当てた場合には、それをもらえます。おはじきの間を通した場合には、両側にあるおはじきをもらえます。

③ 次の人に交代するのは、1度に2個以上に当てた時か、当たったおはじきが他のおはじきを更にはじいた時か、おはじきに当たらなかった時。最後に一番多くおはじきをもっている人が勝ち。

Point

・はじく際に使う指の順番を決めておいてもよい。

169　紙ずもう

人数　８人～

対象　３歳～

準備　紙（画用紙、ボール紙）、マジック、はさみ

遊びかた

① 材料を使って「おすもうさん」や「土俵」を作ります。

② 対戦相手を決めます。

③ 机に土俵を置いてその上に「おすもうさん」を立たせ、審判の合図で、対戦相手が両側から机をたたいて振動を起こします。先に倒れたほうが負け。

Point

・トーナメント表を作り、勝ち抜き戦をしてもよい。
・いくつかの相撲部屋に分かれて取り組み表を作って対戦し、勝った力士の多い部屋が優勝とするのも面白い。

170　靴とばし

人数　10人〜

対象　３歳〜

遊びかた

① 靴を足にひっかけて遠くへ飛ばします。靴を一番遠くまで飛ばした人が勝ち。

Point

・靴は思った方向に飛ぶとは限らないので、飛ばし方を工夫させるとよい。
・表：1点、横：2点、裏：3点として、点数を競うのも面白い。
・「あーした天気になぁーれ」と唱えながら靴を飛ばして天気を占うのも面白い。表は晴れ、裏は雨、横を向いたらくもり、立つと雪。

171　福笑い

人数　10人～

対象　３歳～

準備　画用紙、マジック、はさみ、手ぬぐい（目かくし用）

遊びかた

① 「おたふく」「ひょっとこ」などの顔輪郭と眉毛、目、鼻、唇などのパーツを作ります。

② １人が目かくしをして輪郭の上にそれぞれの顔のパーツを置いていきます。見ている人は、「もっと右」「いや下だよ」など声をかけながら進めます。

③ すべてのパーツを置いたところで、目かくしをはずします。

④ 面白い顔になっていたら大笑い。

Point

- 大勢でしたほうが盛り上がる。
- 現代的なキャラクターを使うのもよい。

172　松葉ずもう

人数　5～6人

対象　3歳～

準備　2葉のくっついた松葉

遊びかた

① 松葉を図のように掛け、2人で引っ張り合います。

② 先に葉がはずれたほうが負け。

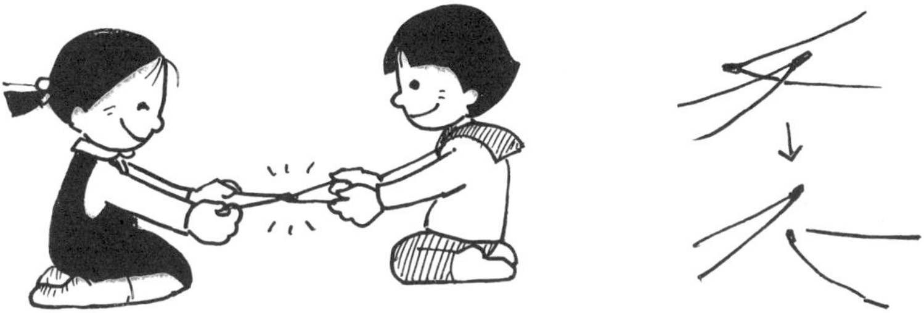

173　水てっぽう

人数　５～６人

対象　３歳～

準備　シャンプーやマヨネーズの空容器（てっぽうにする）、紙、レジ袋（的にする）、バケツ（水を張っておく）

遊びかた

① 水てっぽうを使って、的当てをします。

Point

・適正水量の目印線を引いておく（目安は容量の80％程度）。
・水浸しになっても困らない場所で行う。
・てっぽうに水を吸いこむ際に工夫させる。
・いろいろな容器を使い、どんな容器がよく水を飛ばすことができるのか考えさせるとよい。
・水を遠くに飛ばす競争をするのも面白い。

174　ケーキ屋さんごっこ

概要　砂でケーキやプリンを作って遊ぶ

人数　５人〜

対象　３歳〜

準備　砂場セット、雑草、木の葉、小石、貝がら、水

遊びかた

① 容器で砂の型抜きをします。ケーキやプリンに見立てて飾り付けをして並べます。

② ケーキ屋さんになり、ケーキを売ったり買ったりします。

Point

・色水などでジュースを作り喫茶店ごっこをしても面白い。

175　本屋さんごっこ

概要　絵本や図鑑を作って遊ぶ

人数　５人～

対象　３歳～

準備　紙（上質紙、画用紙、広告、包装紙）、筆記具（クレパス、色鉛筆など）、セロテープ、のり、ホッチキス

遊びかた

① 上質紙、画用紙などに絵を描いたり、広告を切りぬいて貼ったりします。

② 描いたものを１冊にまとめます。

③ 何冊か完成したら並べて本屋さんの店づくりをします。

④ 本屋さんになり、本を売ったり買ったりします。

176　着せかえ人形

概要　服と人形を作り、着せ替えて遊ぶ

人数　５人～

対象　３歳～

準備　紙（画用紙、色紙、和紙、包装紙など）、ハサミ、のり、セロテープ、色鉛筆、マジック

遊びかた

① 材料を使って人形を作ります。また、人形に合わせて洋服や着物などを作って着せます。

Point

・帽子やリボンや装飾品も作るとよい。
・みんなでファッションショーをしても面白い。
・友達の作った服を借りて着せ替えあうのもよい。

177　積算ジャンケン

概要　リーダーとジャンケンをして、勝ち方に応じて積算する

人数　５人～

対象　小学校低学年～

遊びかた

① ５人で１グループを作り、ジャンケンでリーダーになる順番を決めます。

② リーダーは同じグループの４人とジャンケンをします。（その際、グーで勝つ＝30点、パーで勝つ＝50点、チョキで勝つ＝20点とします。）

③ 全員がリーダー役を終えた後で集計し、合計点を競います。

Point

・ジャンケンの方法を変えたり、得点の割り振りを変えてもよい。
・決められた時間（２～３分程度）にできるだけ多くの人とジャンケンをし、制限時間内に何点とれるかを競うのもよい。

178　ジャンケンポイ、あっち向いてホイ

概要　指差した方向に相手の顔を向かせる遊び

人数　８人～

対象　５歳～

遊びかた

① ２人で向かい合って座ります。

② ジャンケンをして勝った人が、人差し指を相手の顔の前で一旦静止し「あっち向いてホイ」と言って、「ホイ」の時に素早く人差し指を動かします（指の方向は上、下、左、右のいずれか）。

③ ジャンケンで負けた人は、「ホイ」に合わせて顔を動かします。その時、指と同じ方向を向いたら負け。

Point

・ジャンケンで勝った側は自分が指差す方向に相手の気を向けさせる工夫をし、相手は釣られないように工夫する。

179　さいしょはグー、ジャンケン

概要　指の出し方にバリエーションをつけたジャンケン

人数　８人～

対象　５歳～

遊びかた

①「さいしょはグー」と調子をつけてから、ジャンケンをします（「さいしょはパー」や「さいしょはチョキ」など変化をつけてもよい）。

②「いしまつ　たいまつ……グーチョキパー」（図参照）のあとにジャンケンをする。

180　表情ジャンケン

概要　顔の表情を利用したジャンケン遊び

人数　10人～（1チーム5～6人）

対象　5歳～

遊びかた

① 各チーム1列ずつ対面で並び、各組の端の人から表情を利用してじゃんけんをしていきます。

② 勝った人の多いチームの勝ち。

Point

・グー、チョキ、パーにそれぞれ別の表情を割り当ててもよい。

グー：怒っている顔
チョキ：悲しんでいる顔
パー：笑っている顔

じゃんけん
パー
チョキ

181　サイン集めビンゴ（現代風）

概要　ジャンケンをしてサインを集め、後にビンゴゲームをする

人数　20人～

対象　5歳～

準備　紙、鉛筆（1人1つずつ）

遊びかた

① 白い紙にビンゴ用のマスを書きます（マスの数は人数に応じて決める）。

② 任意の人とジャンケンをして、勝った人は負けた人にサイン（フルネーム）をもらいます。全部のマスがサインで埋まるまで続けます（早くマスが埋まった人もジャンケン勝負の相手をします）。

⑤ 全員のマスが埋まったところで、リーダーは参加者の名前を呼んでいきます。みんなはこれでビンゴをします。

⑥ タテ・ヨコ・ナナメに並んだ人から上りです。

Point

・サインの代わりに、好きな動物や好きな色、誕生月や星座などを書いてもらうのでもよい。

182　手足同時ジャンケン（現代風）

概要　手足を同時に使ったジャンケン遊び

人数　10人〜

対象　5歳〜

遊びかた

① 向い合って床に座ります。

②「ジャンケンポン」と言いながら、手と足は同じ種類のモノを出します（手と足が同じものでなかったら負けになります）。

183　グーキ　ジャンケン（現代風）

概要　自分と相手の出したジャンケンの手の合計が偶数か奇数かを競う

人数　10人～

対象　5歳～

遊びかた

① ペアを作り、それぞれが偶数と奇数のどちらになるかを決めておきます。

② 次に「グーキ　ジャンケンホイ」といって手を出します。

③ そこで出た指の数の合計を数えます。偶数ならば、偶数と決めた方が勝ちになり、奇数ならば、奇数と決めた方が勝ちになります。

184　こぶとりごっこ

概要　ジャンケンをして、描いた顔のパーツを取り合う

人数　10人～

対象　4歳～

遊びかた

① ペアを作ります。各人が顔の絵を地面にかきます（図参照）。

② ジャンケンして勝ったほうが相手の顔のパーツをもらうことができます。グーで勝てば1つ、チョキで勝てば2つ、パーで勝てば5つもらえます。先に絵がなくなってしまった方が負けです。

185　挨拶ジャンケン

概要　ジャンケンに負けた相手に挨拶する

人数　10人～

対象　３歳～

遊びかた

① 相手を見つけてジャンケンをします。

② 勝った人は、「あなたは誰だ」と負けた人に問いかけます。

③ 負けた人は「私は○○です」と挨拶をします。

④ ①～③をくりかえし、３勝した人から自分の席に戻ります。

Point

・ 質問を変えてみるのもよい。（例：「あなたの好きなものは？」など）

186　ジャンケン手たたき

概要　ジャンケンで勝った人が手の甲をたたき、負けた人が手を守る

人数　10人～

対象　3歳～

遊びかた

① 2人で向き合い、互いの左の手のひらをあわせた上で、右手でジャンケンをします。

② 勝った人は素早く相手の左手の甲をたたきます。負けた人は、ジャンケンをした手で守ります（守れた場合は、たたかれたことにならない）。

③ 以上の動作を何回か続け（回数は決めておく）、たたかれた数の多い人が負け。

Point

・左右の手を変えて行うとよい。
・負けた人が手を引っこめると面白い。

187　第六感ジャンケン

概要　見せずにジャンケンをして相手の出した手を当てっこする

人数　10～20人

対象　3歳～

遊びかた

① ペアを作ってジャンケンをします。ジャンケンの手はそれぞれ背中に出します。

② お互いに相手の手を当てっこします。

③ 1回当たれば1点とします。3回戦して得点の一番多い人が勝ちです。

Point

・当てた得点に加えて勝ち点（グー：3点、チョキ：6点、パー：4点など）を加えても面白い。

188　おちたおちた

概要　リーダーの言葉に合わせて、体の部分を正しく押さえる

人数　10人～

対象　小学校低学年～

遊びかた

① まず、リーダーを１人決めます。

②「おーちたおちた」とリーダーが言ったら、みんなは「なーにがおちた？」と言います。そして「○○が落ちた」とリーダーが言ったら、リーダーじゃない人は指定された体の部分をおさえます（下図参照）。間違えた人がいたら、その人が次のリーダーになります。

〈リンゴがおちた〉
〈カミナリがおちた〉
〈ぼたもちがおちた〉

Point

・リーダーは「リンゴが落ちた」と言いながら、おへそを押さえるなどして、みんなが間違うのを誘います。

①
♪おーちた
おちた
♪なーにが
おちた
②
りんごが
おちた
③
あーっ
まちが
えた

189　ABCのうた（現代風）

概要　Ａ～Ｇの頭文字を持つ単語を考えながら歌う

人数　10人～

対象　小学校低学年～

遊びかた

①「ドレミの歌」のメロディーでABCから順に「AはAppleのA」と言う風に単語を考えながらGまで歌っていきます。

② 途中でつまったり、まちがったりした場合は、はじめからやり直します。

③ 7つのアルファベットすべて言えたら完成します。

Point

・A～Gまで出来たら、次にH～N…とレパートリーを増やしていくのも面白い。
・アルファベットのカードがあれば尚よい。

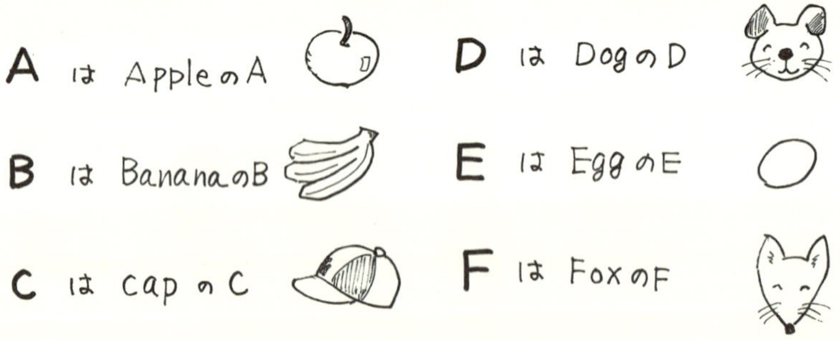

A は Apple の A
B は Banana の B
C は cap の C
D は Dog の D
E は Egg の E
F は Fox の F

190　にらめっこしましょう

概要　２人が向かい合って面白い顔をして相手を笑わせる遊び

人数　８人～

対象　３歳～

遊びかた

① ２人が向かい合って「ダルマさん」を歌います。

②「あっぷっぷー」と言いながら変な顔を作ります（指で顔を引っ張ったり、ひねったりしてもよい）。

③ 笑った方が負け。

歌詞

だるまさん　だるまさん　にらめっこしましょ
笑ろたらダメよ　あっぷっぷ

191　八百屋さん

人数　10人～

対象　5歳～

遊びかた

① リーダーを1人決めます。リーダーは「八百屋のお店にならんだ……考えてごらん」と歌った後、何かの名前（野菜の名前、果物の名前など）を言います。

② みんなは野菜の名前を聞いたら、リーダーと一緒に2回手をたたきます。野菜以外の名前が出た時に手をたたいてしまったらアウトになります。

Point

・歌のスピードを上げると盛り上がります。
・「やおやさん」を他のお店に変えても面白い。

歌詞

八百屋のお店にならんだ　品物を見てごらん
よく見てごらん　考えてごらん　ピーマン…

192　いい虫悪い虫

人数　10人～

対象　３歳～

遊びかた

① 「世の中には悪い人といい人がいるように、でんでんむしも同じです。見分ける方法があるんだけど、わかるかな？」と言った後、実演をします。

② そのあと「じゃあこれはどっちかな？」とやって聞きます。

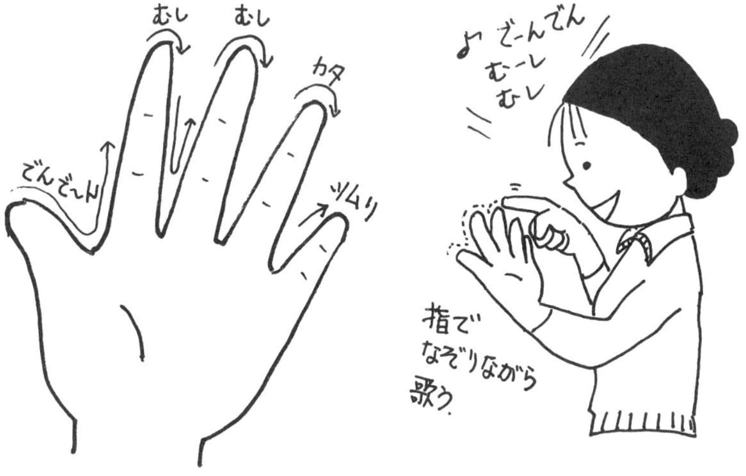

手をなぞる前に「いくぞ！」と言ったら悪い虫

193　あまのじゃく

概要　リーダーの指示することと反対の動作をする遊び

人数　20人程度

対象　小学校低学年～

遊びかた

① リーダーを1人決めます。みんなは円を作り、リーダーは円の中央に立ちます。

② リーダーは「両手を上に！」などの指示をします。みんなはその指示と反対の動作（両手を下に）をします。

③ 動作をまちがったり、遅れたりした子は輪から抜け、最後まで残った子が勝ちとなります。

Point

・リーダーは、指示を出すときの動作をはっきり言って示します。
・上下左右の動きに慣れたら、だんだんと難しい指示を出してもよい。

194　自己紹介遊び

概要　自分の前に自己紹介をした全員の紹介を述べてから自己紹介する

人数　10人～

対象　小学校中学年～

遊びかた

① 1人ずつ「○○が好きな△△です。」と自己紹介する。「○○」にはテーマ（例：たべもの、趣味など）に沿った言葉を使います。（例「カレーが好きなハルコです」）

② 次の人は同じテーマで違う語を選んで、例えば「カレーが好きなハルコさんの隣の、うどんの好きなナツコです」と言います。次の人はさらにそれに加えて自己紹介をします。

③ 最後に、1人目だった人が全員分を言えば終わりです。

Point

・中学年以下の子がいる場合、名前だけにしたり、グループに分けて人数を少なくするなどの工夫をします。

195　ウインク鬼（現代風）

概要　ウインクだけで人を倒せる鬼が誰なのかを探す

人数　10人～

対象　小学校中学年～

遊びかた

① 誰にも解らないように鬼になる人を1人決めます（こっそり先生が指名する、くじをひく、など）。

② 全員が広場を自由にゆっくり歩きます（同じ方向にならないように注意します）。

③ 鬼は目が合った適当な人にウインクします。ウインクされた人は少したってから、声を上げて倒れます（ゲームが終わるまで倒れたままです）。

④ その間、みんなは誰が鬼かを探します。鬼が解ったと思った人は「解った」と言い手を上げます（指差したり名前を言ってはいけません）。「解った」人が2人でたところでみんなは動くのを止めます。

⑤ みんなで「鬼は？」と聞きます。「解った」2人が「せーの」で鬼だと思う人を指差します。

⑨ 2人の答えが共に正解の時、鬼は快哉を叫んで倒れます。2人とも間違えたとき、もしくは1人しか正解でなかったとき（つまり、別々の人を指した時）、2人は倒れます。ゲームを続けます。

Point

・鬼を増やすのも面白い。
・時間制限を作り、推理する時間を短くしてもよい。
・ウインクだけでなく、違った表現も取り入れてもよい。

196　わたしは誰でしょう？（現代風）

概要　質問の答えから、誰が書いたかを当てる

人数　６人～

対象　小学校中学年～

準備　紙、鉛筆（１人１つ）

遊びかた

① ５人くらいでチームを作ります。リーダーを１人決めます。

② リーダーは質問をします（例：好きなスポーツ・動物・食べ物・飲み物など）。みんなは、無記名で答えを書き、誰か分からないように回収します。

③ リーダーが１枚ずつその答えを読み上げます。

⑥ その答えから誰が書いたかを推測します。的中すれば１ポイント、３ポイント先取した人が勝ちです。

197　行方不明者は誰だ？（現代風）

概要　鬼の見ていない間に何人かが隠れ、鬼は誰が隠れたのかを当てる

人数　15人～

対象　小学校中学年～

遊びかた

① 鬼を決めます。鬼は他の人を見えない場所（別室など）に移動します。みんなは隠れる人を何人か決めます。その人達が隠れたら鬼を呼びに行きます。

② 鬼がやってきてみんなを観察します（観察時間は30秒～1分位）。みんなは鬼と話してはいけません。

③ 鬼は誰がいなくなったのかを当てます。

Point

・グループ対抗戦にして行うのも面白い。
・始めは決められた席に座り、慣れてきたら、隠れた人以外は席を自由に替わっても座ってもよいとする。
・鬼役を数人にしても面白い。

198　いつどこでだれがなにをどうした

概要　作文を作って楽しむ

人数　10人～

対象　5歳～

準備　紙、鉛筆

遊びかた

① 5人で1グループを作ります。各グループに紙を5枚配ります。

② それぞれのグループで「いつ」、「どこで」、「だれが」、「なにを」、「どうした」のどれを書くか決めて、お互いに見えないようにして書きます。

③ 書き終わったらリーダーが回収し、それをみんなの前で公表します。

（いつ→どこで→だれが→なにを→どうしたの順に言う）

Point

・ひとつひとつ読む際に、間をとりながら読むとよい。
・人数が合わない場合は、1つの項目を2人に書いてもらうなど調整する。

199　伝言ゲーム

概要　メッセージを次々に伝えていって、正確さを競う

人数　15人～

対象　5歳～

遊びかた

① 7～8人で1チームを作り、チーム毎に1列に並びます。

② 先頭の人は、先生に問題の文章を教えてもらい、それを覚えます。

④ スタートの合図で、小声で当該の文章を伝えていきます。2回以上言うことや、聞き返すことをしてはいけません。

⑥ 全部のチームが、最後まで伝え終わったら、順番に発表していって、どのチームが一番正確に伝えられたかを競います。

Point

・ 幼児なら3語文などの短いもの、大人なら5W1Hのあるものにするなど、難易度を工夫します。
・ 口でしゃべらずに、背中に指で文字を書いて伝言していくのも面白い。
・ 文章以外のものを伝えてもよい。(例：簡単な文章や単語をゼスチャーで伝える、ポーズを伝える、簡単な絵を伝えるなど)

200　スピーカー

概要　みんながある言葉の１文字ずつを一斉に述べ、その言葉が何かを当てる

人数　８人～

対象　５歳～

遊びかた

① チームごとに４文字の言葉を考えます（たとえば、「ライオン」など）。

② ４文字のそれぞれを誰が言うか決めます。

③ 相手チームと向かい合って並び対戦します。決めた言葉を一斉に言います。

④ 相手チームが何を言ったのかを当てます。正解がでたら交代します。

Point

・ 文字数を変えてもよい。

201　八百屋の買い物もぐらどん

概要　リーダーの言った「売っている品物名」に合わせて拍手する

人数　10人程度

対象　5歳〜

遊びかた

① リーダーを1人決めます。

② リーダーは参加者に「八百屋で売っている品物の名前を言いますので、売っている品物だと思ったら拍手を1回してください」と言います。

③「だいこん」「にんじん」「きゅうり」などと、リーダーは大きな声で品物名を言います。（みんなはリーダーが、八百屋で売っている品名を言ったらすぐに1回拍手します。）

④ 次にリーダーは「りんご」「みかん」など、八百屋で売っていない品物を言います。そこでで拍手した人はアウトになり、抜けます。

⑤ どんどん続けていきます。最後まで残った人が勝ちです。

Point

・魚屋、果物屋、パン屋など、お店を変えてみるのも面白い。

202　つもりかくれんぼ（現代風）

概要　想像の中でかくれんぼをするイメージ遊び

人数　１対１又は１対２～３人

対象　５歳～

準備　紙、鉛筆（１人１つ）

遊びかた

① 鬼を１人決めます。場所の広さに合わせて１対１又は１対２～３で行います。

② 鬼以外の人は自分が「蝶」になったつもりで隠れる場所を探します（体は動かさず目だけを使います）。

③ 隠れる場所が決まったら、それをメモ用紙に書いて伏せておきます。

④ 鬼は蝶がどこに隠れているかを言葉で言い当てます。最初に当てられた人が次の鬼になります。

Point

・子どもの想像力を喚起して遊びに引き込みましょう。例えば、「目をつぶって下さい。あなたは蝶になりました。あなたを鬼が狙っています。この部屋のどこに隠れますか？」と言うなど、導入を工夫しましょう。
・１人が隠れ、残りの全員がそれを当てるのも面白い。

203　ナンバーコール

概要　リズムに合わせて番号を呼び、呼ばれた人が次の番号を呼ぶ

人数　５人～

対象　４歳～

遊びかた

① キング、1、2、3…とそれぞれの人に番号を割り振ります。番号順に円形になります。

② (みんなで) 手を二回打ち鳴らし、親指を立て右、左と差します。次にキングが、右を指す時に自分の番号を、左を指すときに誰かの番号を言います。

③ 言われた人は、手を二度たたき自分の番号と他の番号を言います。

④ ③を繰り返していきます。リズムが合わなかったり、まちがえたりしたら、その人は最後の番号の人と入れ替わります (場所、番号ともに入れ替わります)。

Point

・キングの人がいつまでキングを守れるかがこの遊びの面白いところです。集中的にキングをせめたりするなど、駆け引きを楽しむこともできます。
・番号の代わりに、社長、部長、課長、係長としたり、花やくだものの名前にしてもよい。
・番号の代わりに子どもの名前を使うと、子どもたちがお互いの名前を覚えて仲良くなるのに最適です。

204　船長さんの命令（現代風）

概要　船長さんに指示された時に指示されたようにだけ動く

人数　10人〜

対象　4歳〜

遊びかた

① 船長さん役を1人決めます。

② 船長さんが指示を出します。「船長さんの命令です。○○して下さい」と指示された時に、みんなはそのように動きます。それ以外の時に動いたり、指示と違う動作をした場合にはアウトです。

205　なあんて書いた

概要　背中に指で文字や図形を書き、何を書いたかを当てる

人数　10人～

対象　3歳～

遊びかた

① 背中に指で文字や図形を書きます。書かれた人が笑って背中を動かした時は、はじめから書き直します。

② なにが書かれたかを当てます。

③ 当たったら交代します。最初は簡単なものから始め、だんだんと複雑なものを書いていきます。

Point

・数人で一列になって、伝言ゲームのように順に送っていくのも面白い。

第3部

関連資料

はじめに

第３部関連資料では、こどもたちの遊びが、どのような生活を背景として成立していたのかを見たいと思います。

子ども社会を構成する最小単位は家族です。次いで、日常の生活単位である、隣近所・町内会などの地域（共通項が多い単位)、そして幼稚園（保育所)、学校などの教機関育と言えるでしょう。このことを踏まえて、以下の資料１～７をご覧ください。

資料1　子どもの遊びと時代的な背景の流れ

時　代	遊びの特徴	背　景
古　代	大人と子どもが一緒に生活していたため、大人の耕作・狩猟など大人の生活を真似した遊び	・子ども独自の生活を持っていたのではなく、大人の生活に深くとけこんでいた。
中　世	家や職業ごとに教育が行われ始めたため、それぞれの中での遊び	・律令制の大学中心の教育 ・家学中心の教育 ・寺院における僧侶の子弟教育 ・芸能（文化）教育
近　世	武士・商人・農民ごとにそれぞれの生活文化の中での遊び	・藩校教育 ・寺子屋教育 ・私塾教育
近　代	学校制度が始まるが、地域での生活の中で子どもの子どもによる遊び	・学校教育 ・幼稚園教育
現　代	多様な社会になり、子どもだけの遊びが見られなくなってきた	・学校教育 ・幼稚園教育 ・社会（地域）教育

資料2　幼児・児童を中心とした教育の関係年表

時代＊	幼稚園	小学校
明治2年(1869)		日本初の学区制小学校が京都で開校（番組小学校）。
明治5年(1872)		「学制」公布。
明治8年(1875)	京都三十区小学校（柳池）の校舎の一隅で「幼児遊嬉場」開設（明治10年に閉鎖）。	
明治9年(1876)	東京女子師範学校附属幼稚園開園。	
明治12年(1879)		「教育令」制定。
明治18年(1885)	京都府立女学校内に附属幼稚園が設けられる。	
明治19年(1886)		「教育勅語」公布。
明治24年(1891)	京都市立翔鸞幼稚園開設。	
大正3年(1914)	京都市立翔鸞小学校児童増加のため翔鸞幼稚園休園。	
昭和4年(1929)	翔鸞幼稚園開園。（ほか城巽、小川、嘉楽）	
昭和20年(1945)	6月、戦争のため当局の指示により翔鸞幼稚園休園（10月に再開園）	

＊　明治初期には明治維新後の京都の活性化と富国強兵策があった。

出典：『京都府教育史』1956年。『翔鸞幼稚園100年史』1991年。
日本で最初に小学校や幼稚園が設置された京都での出来事を中心に中川善彦が補足・作成した。

資料３　幼稚園・学校教育課程における法令などの変遷

時代	幼稚園	小学校
明治５年 (1872)		「学制」公布。 「体術」と「養生法講義」。
明治６ (1873)		「小学校教則」改正。 「体術」が「体操」という用語になる。
明治10 (1877)	「幼稚園規則」（文部省第５年報）制定。 戸外遊び・自由遊び（遊戯室）	
明治12 (1879)		「教育令」公布。
明治13 (1880)		「教育令」改正。 初等科１～２年「遊戯」 ３年「徒手体操」 中等科４～５年「徒手体操」 ６年「器械運動」 高等科７～８年「器械運動」
明治17 (1884)	「小学校附属幼稚園保育科規則」制定。	
明治20 (1887)	「京都府尋常師範学校附属小学校幼稚保育科規則」制定。	
明治32 (1899)	「幼稚園保育及設備規定」制定。	「教育令」廃止,「小学校令」制定。 「体操」が「兵式体操」になる。
大正15 (1926)	「幼稚園令」制定。	
昭和23 (1948)	「保育要領」制定。	
昭和31 (1956)	「幼稚園教育要領」制定。	

出典：『京都教育大学附属幼稚園　百年誌』1985年。

資料4　保育内容の推移

1）創設期の就学前教育

◎明治15年（1882）までの就学前教育施設の趣旨及び目的

(A) 幼児に固有な就学の基礎教育を施す。
(B) 幼児の保護。
(C) 貧困家庭の保護。
(D) 子守り学校。
(E) 学齢未満の就学希望児の保育。

◎明治9年（1876）　東京女子師範学校附属幼稚園（Aに属す）創設

◎明治10年（1877）「幼稚園規則」（文部省第5年報）を制定。

保育科目は以下の通り（フレーベル教育法の恩物を模範に考案）。
①物品科：日常身辺の事物の名称、性質、形などの知識を与える。
②美麗科：色の配合の美しさ、絵画、製作。
③知識科：計数、図形、博物理解。
保育時間は、4時間として時間割表が作成された。

1日の保育の流れ
・登園
・整列
・唱歌（遊戯室）
・修身の話・庶物の話（保育室）
・戸外遊び・自由遊び（遊戯室）
・恩物（保育室）
・昼食
・戸外遊び・自由遊び（遊戯室）
・恩物（保育室）
・帰宅

◎明治17年（1884）　京都府が幼稚園設立の必要を認め、「小学校附属幼稚園保育科規則」を制定。

保育課目は以下の通り。
①修身の話、②史誌の話、③庶物の話、④恩物、⑤唱歌、⑥遊戯

◎明治20年（1887）「京都府尋常師範学校附属小学校幼稚保育科規則」を制定。

・各科目30分以内
・休憩時にはいろいろな遊具で自由に遊ぶ

2）明治32年頃

◎明治32年（1899） 文部省が「幼稚園保育及設備規定」（幼稚園に関する総合的な法令）を制定。
①遊戯、②唱歌、③談話、④手技（恩物を用いる）
・自然物を教材とする

3）大正期

・当初の幼稚園教育は小学校教育に準じ、外国でのやりかたを模倣したものであったが、次第に日本の風土や慣習に応じた保育を目指した改革運動が始まる。
・「幼稚園を子どもに返し、幼稚園における子どもの自由を保障する」恩物を箱から出して自由遊びの素材に戻す。
　自由文化の開花した時代。
◎大正15年（1926） 4月「幼稚園令」
①遊戯、②唱歌、③観察、④談話、⑤手技など

4）昭和期

◎昭和初期
①自由遊戯
②作戯
③躾及保健
◎昭和23年（1948）「保育要領」制定。
◎昭和31年（1956）「保育要領」が「幼稚園教育要領」となる。
・「項目」が「領域」となる。

出典：『京都教育大学附属幼稚園　百年誌』1985年。
※昭和３１年までは幼保一元化のもと「保育内容」から昭和３１年以降幼保二元化となり、「保育要領」が「幼稚園教育要領」と改まる。

資料5　「学校体育」の歴史的変遷

1. 明治前半の体育	
明治5年（1872）	8月「学制」公布。教科に「体術」と「養生法講義」。 9月「小学教則」制定。「体術」の表記なし。
明治6年（1873）	「小学校教則」改正。「体操」に改められる。徒手体操中心。
明治12年（1879）	「教育令」制定。
明治13年（1880）	「教育令」改正。「体操」が正規の必須教科となる。 初等科1～2年「遊戯」、3年「徒手体操」、中等科4～5年「徒手体操」、6年「器械運動」、高等科7～8年「器械運動」
明治17年（1884）	「小学体育全書」に「戸外遊技」と「整頓術」。「循環球」は現在のゲートボールに酷似する。（元西陣小学校蔵）
明治20年（1887）	「教育令」廃止。新たに「小学校令」「師範学校令」「帝国大学令」制定。「兵式体操」を取り扱い「普通体操」よりも重視された。
明治21年（1888）	「小学遊戯法」に鬼遊戯13種類と球遊戯15種類。凡例にある「ベースボール」等は小学生には不向きであった。
明治23年（1890）	「教育勅語」公布。
2. 明治後半の体育	
明治27年（1894）	井上毅文部大臣、訓令を発する。
明治33年（1900）	「小学校令」全面的改正。尋常小学校4年間を義務教育年限とする。 「体操」は随意科目から必須科目に。内容は遊戯と普通体操。 「池の鯉」「舌切り雀」「鳩ぽっぽ」や軍国色の強い「軍隊遊び」等。 「表情遊戯」と呼ばれるリズム運動。 遊戯は「唱歌遊戯」更新遊戯」「競争遊戯」「ボール遊戯」など。
明治37年（1904）	文部省は体操遊戯調査会を発足させる。「学校において奨励すべき遊戯」を規程。 【教科】 競争遊戯（例：綱引、球送、フットボール、鬼遊の類） 行進遊戯（例：十字行進、踵し行進、方舞の類） 動作遊戯（例：桃太郎、池ノ鯉の類） その他（季節と土地の状況によって遠足、水泳及び氷上、舟漕）

明治 37 年 (1904)	【教科外に行うべきもの】 競争遊戯、角力、徒歩競争、毬投げ、毬つき、羽子つき、縄とび、擬戦、鬼遊び、高飛び、巾飛び、ベースボール、ローンテニスの類、剣道、柔道、弓術 【学校外でも奨励すべきもの】 その土地、家庭等の状況によるもの（例：懸垂、凧揚、山遊等）
3. 大正時代の体育	
大正 2 年 (1913)	文部省令第 1 号「学校体操教授要目」で普通・兵式体操中心の体操科に代わって新しい体操科（体操、教練、遊戯）となる。
大正 15 年 (1926)	文部省訓令により要目改正。遊戯が分化し新たに競技として走技、投技、球技が加わる。体操には、鉄棒、横木による運動や跳躍・倒立および転回運動が加わる。
4. 昭和 20 年までの体育	
昭和 11 年 (1936)	文部省訓令により要目改正。 「体操科教授上の注意」に修練が入る。
昭和 16 年 (1941)	「国民学校令」公布。体操科を体錬科に変える。 科目は体操（体操、教練、遊戯競技、衛生）と武道（柔道、剣道、薙刀）となる。
5. 大戦終結後（1945 年以降）の変遷	
昭和 22 年 (1947)	「学校体育指導要綱」制定。 科目は、体操（徒手体操、器械体操）、遊戯（遊戯、球技、水泳、ダンス）、衛生となる。
昭和 24 年 (1949)	「小学校学習指導要領」制定。 体育編の内容は下記。 1 ～ 4 年：リズム遊び、器械遊び、ボール遊び、鬼遊びとリレー、模倣物語遊び、水遊び、水泳、スキーなど
昭和 28 年 (1953)	「小学校学習指導要領」改訂。 高学年（5・6 年）体育の教材と領域区分は下記。 力試しの運動（主に陸上運動）、徒手体操、リレー、ボール運動、リズム運動、鬼遊び、水泳・スキー・スケート
昭和 33 年 (1958)	「小学校学習指導要領」改訂。 総則で「体育」が位置づけられる。知育（各教科・特別活動）、徳育（道徳、特別活動）、体育（教科体育だけでなく教育活動全般）の 3 つの柱を設定。既存の運動形式をそれぞれの領域とした。 高学年（5・6 年）：徒手体操、器械運動、陸上運動、ボール運動、リズム運動、その他の運動（なわとび、すもう、鬼遊び、水泳）

昭和 43 年 (1968)	「小学校学習指導要領」改訂。 領域は体操、器械運動、陸上運動、水泳、ボール運動、ダンスに集約される。
昭和 53 年 (1978)	「小学校学習指導要領」改訂。 低学年では、児童の体力を養うとともに各種の運動の基礎となる能力を総合的に発達させるため、従来の 6 領域を「基本の運動」と「ゲーム」の 2 領域に変更。 中学年では児童の発達の特性を考慮して第 3 学年では「基本の運動」から「表現運動」を独立させて 3 領域に変更。第 4 学年では更に「器械運動」を独立させて 4 領域に変更。高学年では従来どおり 6 領域のまま。
平成元年 (1989)	「小学校学習指導要領」改訂。 各種の運動の楽しさや喜びを味わわせ、各種の運動の基礎的基本的な能力を養うことで「運動に親しむ」と「内容を基礎的・基本的なものに精選すること」が強調され、運動の楽しさを体験させることが必要とされた。「水泳」の履修が 1 年早まり 4 年からになる。
平成 10 年 (1998)	「小学校学習指導要領」改訂。 活動の工夫や運動課題を持つことを目標とし、高学年で「体つくり運動」が入り、ボール運動ではソフトバレーボールを指導することができ、低学年の内容の取り扱い（3）で「地域や学校の実態に応じて歌や運動を伴う伝承遊び、自然の中での運動遊び及び簡単なフォークダンスを加えて指導することができる。」となった。
平成 20 年 (2008)	「小学校学習指導要領」改訂。 体力の向上を重視し、「体つくり運動」は全ての学年で指導することに変更される。「体つくり運動」は「多様な動きをつくる運動遊び」「体力を高める運動」で構成される。器械運動は 3 年から、「水泳」は発達段階を考慮し 5 年からに。ボール運動は「ゴール型ゲーム」「ネット型ゲーム」「ベースボール型ゲーム」で構成し、型に応じてハンドボールなどのその他のボール運動を指導することができる。また、「体ほぐし運動」の⑤で伝承遊びや集団による運動遊びが内容となる。

参考文献
桝岡義明・西村誠編著『体育科・健康教育法』佛教大学通信教育部、2006 年。
小川清美『子どもに伝えたい伝承遊び』2001 年。

資料６　子どものスポーツ活動の状況（主に京都の小学生）及びそれを支えている地域における諸団体（スポーツ少年団、道場、福祉施設など）

戦前～ 昭和 20 年代 (1945 ～ 54)	・柔道・剣道・水泳（泳法）などが道場や教場などで社会体育として行なわれた。 ・ほとんどの児童が学校体育の中でスポーツを経験した。 ・放課後、運動場・公園・広場で子どもらが自由に野球などのスポーツをしていた。
昭和 30 年代 (1955 ～ 64)	・地域の子供会でソフトボール大会などが盛んに行なわれる。 ・東京オリンピック後、各種スポーツ少年団が発足した。（日本スポーツ少年団のパンフレット）
昭和 40 年代 (1965 ～ 74)	・校庭開放事業でのスポーツ教室が開始される。 ・京都市で各種スポーツ教室が始まる。 ・企業などのスイミングスクールや体操教室などが盛んになる。
昭和 50 年代 (1975 ～ 84)	・市町村、県などで小学生の対外試合が盛んになる。 ・各競技団体主催のスポーツが盛んになる。
昭和 60 年代 (1985 ～ 94)	・小学生の全国大会が増える（サッカー、陸上、バレーボール、バスケットボール、ハンドボール、バドミントンなど）
平成 3 年 (1991)	・第 2 土曜休日始まる。 ・京都市で土曜日を「いきいきサタデー」として学校の開放事業が始まる。
平成 5 年 (1993)	・第 2・4 土曜休日始まる。
平成 11 年 (1999)	・文部省は、完全学校週五日制に向けて、子どもを育てる環境整備と子ども活動振興のための緊急 3 か年対策事業「子どもプラン」を始める。
平成 12 年 (2000)	・京都市では、「地域子ども体験ランド事業」を単費で始める。
平成 14 年 (2002)	・完全学校週五日制始まる。京都市では従来のスポーツ教室を地域クラブ（指導者は退職教員や高齢者のスポーツ実践者など）に移行し、放課後の部活動を推進する。
平成 18 年 (2006)	・京都市で「放課後子どもプラン事業」が始まる。
平成 19 年 (2007)	・京都市では「放課後学び教室」となり、子どもたちの遊びの要素が縮小され学習中心となる。

資料７　全国における子どもへの事業（京都市の例）

名称	「京都市子ども地域活動促進事業」（プラン）	「地域子ども体験ランド事業」（ランド）
目的	平成 14 年度の完全学校週五日制の実施に向けて、地域で子どもを育てる環境を整備し、親と子どもたちの様々な活動を振興するため、緊急かつ計画的に施策を推進	土曜日や日曜日などの休日における子どもたちの多彩な活動の場を提供するため、地域の特色などを生かした魅力的な体験活動を実施
事業の経過	文部省生涯学習局 平成 11 年度から平成 13 年度までの緊急三ヵ年戦略	京都市単費 平成 12 年度開始の新規事業
実施団体	11 年度 18 地域（小 17、中 1） 12 年度 41 地域（小 37、中 4）	12 年度 186 地域（小 181、中 4、養護 1）
具体的活動	①伝統文化活動 ②ボランティア・ふれあい活動 ③自然体験活動 ④農業・ものづくり活動 ⑤職業体験活動 ⑥聞いたり・調べたりの活動 ⑦その他他省庁との連携事業の活動 ※１事業のみの申請は不可　３事業以上	①伝統文化活動 ②ボランティア・交流ふれあい活動 ③自然体験活動 ④農業・ものづくり活動 ⑤職業体験活動 ⑥聞いたり・調べたり活動 ⑦事業趣旨に合致した活動 ※１事業のみでも可
活動日及び場所	①休業土曜日や日曜日、祝日 ②夏休み・冬休みなど 学校の開放施設に限定しない。 （学校外の活動を含む）	①休業土曜日や日曜日、祝日 ②夏休み・冬休みなど 学校の開放施設に限定しない。 （学校外の活動を含む）
実施団体	地域で組織する実行委員会へ委託 （例）○○中学校区地域活動実行委員会	「いきいきサタデー推進委員会」などの地域の諸団体から構成される委員会へ委託（「地生連」「開放委員会」を含む）
経費の対象	①諸謝金（指導者・協力者など） ②旅費（会議出席旅費など） ③会議費 ④通信運搬費（事業参加申込書など） ⑤印刷製本費（指導資料の作成など） ⑥借料損料（事業実施に必要な物品など） ⑦保険料（団体として加入） ⑧消耗品費（事務用品、体験活動の指導に必要な消耗品） （1 地域 45 万円程度査定あり）	①諸謝金（指導者・協力者など） ②会議費 ③事業案内状発送費 ④資料・案内状などの印刷費 ⑤保険料（団体として加入） ⑥備品などの借料損料 ⑦事務用品費などの消耗品費 （1 事業当り 10 万円以内査定あり）
その他	〈参考〉総額約 800 万円 11 年度 1 地域約 44 万円 12 年度 1 地域約 22 万円 （1 事業約 4.3 万円）	〈参考〉総額約 2400 万円 1 地域約 13 万円 （1 事業約 2.5 万円）

出典：地域教育専門主事室「平成 11 年度から実施された京都市における子どもへの事業（プラン事業とランド事業の比較）」2000 年。

※この事業は、地域における異年齢幼・児童と高齢者がかかわる活動でもある。

●監修者紹介

西村　誠（にしむら　まこと）

佛教大学文学部卒業（教育学科）、大阪体育大学体育専攻科体育学専攻修了。
アダム・スミス大学教育心理学研究科博士課程修了、博士（教育心理学）。
現在、大阪体育スクール主宰者、佛教大学教育学部非常勤講師、和歌山社会福祉専門学校講師、身体活動研究会会長。
著書：『伝承遊びとゲーム』（共著、朱鷺書房、1996 年）
『手づくりコミュニケーションワーク ── 楽しいひとときの演出を』（編著、朱鷺書房、2004 年）
『介護・看護現場のレクリエーション』（編著、昭和堂、2007 年）
『伝承遊びアラカルト──幼児教育・地域活動・福祉に活かす』（編著、昭和堂、2009 年）

山口孝治（やまぐち　こうじ）

京都教育大学教育学部卒業、神戸大学教育学研究科修士課程修了、兵庫教育大学大学院連合学校教育学研究科博士課程修了、博士（学校教育学）。
京都市立藤城小学校・京都教育大学附属京都小学校教諭。
現在、佛教大学教育学部准教授。
著書：『伝承遊びとゲーム』（共著、朱鷺書房、1996 年）
『これならできる「キャリア教育」』（共著、明治書院、2006 年）
『体育あそび具体例集』（共著、タイムス、2007 年）
『伝承遊びアラカルト──幼児教育・地域活動・福祉に活かす』（編著、昭和堂、2009 年）

桝岡義明（ますおか　よしあき）

京都学芸大学（現、京都教育大学）卒業。
現在、佛教大学教授、日本体育協会理事、京都府体育協会会長。
著書：『京都大辞典』（共著、淡交社、1984 年）
『手づくりコミュニケーションワーク ── 楽しいひとときの演出を』（編著、朱鷺書房、2004 年）
『介護・看護現場のレクリエーション』（編著、昭和堂、2007 年）
『伝承遊びアラカルト──幼児教育・地域活動・福祉に活かす』（編著、昭和堂、2009 年）ほか

●執筆者紹介

矢木一美（やぎ　かずみ）

花園大学社会福祉学研究科修士課程修了（社会福祉学専攻）。
現在、日本福音ルーテル教会付属真生幼稚園園長、身体活動研究会副会長。
著書：全国私立幼稚園若手設置者園長交流会編『お父さん・お母さんに伝えたい ── 子どもの心に出会えるいい話』（共著、PHP 研究所、1997 年）
『伝承遊びとゲーム』（共著、朱鷺書房、1996 年）ほか

角地直子（かくち　なおこ）

大阪音楽大学音楽学部卒業（声楽専攻）。
現在、劇団「ひまわり」音楽講師、たちばな幼稚園音楽講師。
著書：『伝承遊びアラカルト──幼児教育・地域活動・福祉に活かす』（共著、昭和堂、2009 年）

中川善彦（なかがわ　よしひこ）

京都教育大学教育学部卒業（特修体育学科）。
現在、京都市教育委員会・京都市子ども体育館管理主事、佛教大学非常勤講師。
著書：『伝承遊びアラカルト──幼児教育・地域活動・福祉に活かす』（共著、昭和堂、2009 年）

佐東恒子（さとう　つねこ）

日本女子体育短期大学卒業（体育科）。
現在、華頂短期大学准教授、復活幼稚園講師。
著書：『伝承遊びアラカルト──幼児教育・地域活動・福祉に活かす』（共著、昭和堂、2009 年）

（執筆者紹介続き）

星尾尚志（ほしお　ひさし）
京都教育大学教育学部卒業、京都教育大学大学院教育学研究科修士課程修了（教科教育専攻保健体育専修）。
京都市立太秦小学校教諭。
現在、京都教育大学附属京都小学校主幹教諭。

佐藤弥生（さとう　やよい）
東北福祉大学大学院総合福祉学研究科修士課程修了（社会福祉学専攻）。
現在、東北文化学園大学医療福祉学部保健福祉学科准教授。
著書：『伝承遊びとゲーム』（共著、朱鷺書房、1996年）
『伝承遊びアラカルト――幼児教育・地域活動・福祉に活かす』（共著、昭和堂、2009年）

小西治子（こにし　はるこ）
大阪教育大学大学院修士課程修了（健康科学専攻発達人間学講座）。
現在、大阪体育大学健康福祉学部准教授、きょうりゅうクラブ（障害児・者と身体活動を行うボランティアグループ）代表
著書：日本レクリエーション協会監修『みんなのレクリエーション活動援助法（介護福祉士養成講座6）』（共著、中央法規出版、2003年）
『伝承遊びアラカルト――幼児教育・地域活動・福祉に活かす』（共著、昭和堂、2009年）

森田文子（もりた　ふみこ）
京都保育福祉専門学院卒業（保育科）。
現在、京都保育福祉専門学院非常勤講師。京都市内の保育園にて、一時保育・乳児保育を非常勤にて担当中。

青木好子（あおき　よしこ）
京都教育大学教育学部卒業（特別支援教育特別専攻科）。
現在、佛教大学教育学部非常勤講師。
著書：『伝承遊びアラカルト――幼児教育・地域活動・福祉に活かす』（共著、昭和堂、2009年）

中本豊子（なかもと　とよこ）
高知県立大学大学院修士課程修了（人間生活学研究科）。
現在、愛媛女子短期大学健康スポーツ学科健康栄養専攻課程長。介護支援専門員、管理栄養士。

協力者　**杉山恵三**　大阪体育スクール主任

前田悟志　大阪体育スクール副主任

田華真由美　京都市立七条第三小学校教頭

田華郁美　京都市立上賀茂幼稚園教頭

イラスト　**園田すみえ**

絆づくりの 遊びの百科——伝承遊びから現代風遊びまで205種

2012年4月30日　初版第1刷発行
2016年3月31日　初版第2刷発行

監修者　西村　誊
山口孝治
桝岡義明
発行者　杉田啓三

〒606-8224　京都市左京区北白川京大農学部前
発行所　株式会社　昭和堂
振替口座　01060-5-9347
TEL（075）706-8818／FAX（075）706-8878

印刷　中村印刷

ISBN978-4-8122-1214-1